U0594367

at should
I do?

有了厌学情绪
怎么办？

成都地图出版社
CHENGDU CARTOGRAPHIC PUBLISHING HOUSE

图书在版编目（CIP）数据

有了厌学情绪怎么办 / 田小红编 . —成都：成都
地图出版社，2013.4（2021.11 重印）
（怎么办）
ISBN 978－7－80704－709－4

Ⅰ.①有… Ⅱ.①田… Ⅲ.①学习心理学－青年读物
②学习心理学－少年读物 Ⅳ.①G442－49

中国版本图书馆 CIP 数据核字（2013）第 076362 号

怎么办——有了厌学情绪怎么办
ZENMEBAN—YOULE YANXUE QINGXU ZENMEBAN

责任编辑：向贵香
封面设计：童婴文化

出版发行：成都地图出版社
地　　址：成都市龙泉驿区建设路 2 号
邮政编码：610100
电　　话：028－84884826（营销部）
传　　真：028－84884820

印　　刷：三河市人民印务有限公司
（如发现印装质量问题，影响阅读，请与印刷厂商联系调换）

开　　本：710mm×1000mm　1/16
印　　张：13　　　　　　　字　　数：190 千字
版　　次：2013 年 4 月第 1 版　印　　次：2021 年 11 月第 8 次印刷
书　　号：ISBN 978－7－80704－709－4

定　　价：38.80 元

前　言

FOREWORD

随着社会的发展、物质的丰裕，中国的一些孩子已经由"读书难"，发展为"难读书"了。厌学，甚至逃学、退学已经成为当前困扰学校、家庭和学子们的一个重要问题。

所谓厌学，顾名思义就是不喜欢学习，孩子对学习不感兴趣，产生厌倦情绪和冷漠态度，并在行为中有所表现。具体来说，会表现为认为读书无用、消极对待学习、逃避学习活动等。

他们中厌学情绪较轻者，表现为对上学不感兴趣，但迫于家庭或外界压力又不得不走进学校。在校学习状态消极，学习效率低下，人也会变得烦躁不安，多思多虑，容易发怒，注意力不能集中，甚至看什么都不顺眼，对自己和别人都感到厌烦，每天如生活在水深火热之中。

而情况较为严重者，当他们觉得自己无论如何也学不进去的时候，当他们觉得上学和学习简直就是一种折磨的时候，他们就可能会从心底产生对上学和学习的厌恶情绪，最终可能会选择退学、离家出走等极端行为。

厌学背后的原因很复杂，不能单从某一方面来改善和解决这个问题。本书从心理学、家庭、社会、学校等角度分别对厌学这一现象进行了分析，并从这几个方面探讨改变厌学情绪的方法，希望对读者们有所裨益。

Contents
目　录

目录

有关厌学的心理概述

 学习与学习情绪

情绪的定义是："人对客观事物是否符合自己需要的态度的体验。"

当现实与自己的需要一致时，如考卷发下来，得到了自己期望的好成绩，就会产生积极的情绪，表现为高兴、快乐。正如人们平常说的："人逢喜事精神爽。"当现实与自己的需要不一致时，就会导致消极的情绪，如考卷发下来，成绩不及格，因而大失所望，表现为悲伤、生气。

学习过程中，积极良好而又稳定的情绪对学习是一种促进，能使学生在学习时更加专心，思维活动更加积极；而消极不稳定的学习情绪使人坐卧不安，思维混乱，注意力无法集中，甚至借题发挥，闹出乱子，可是一旦平静下来，又后悔莫及，这就严重地干扰了学习。

许多中学生从小受到父母的关心照料，自己提出的需要很容易从父母那里得到满足，可以说是顺利惯了。上了中学以后，一方面因为学习难度加大，不能再依赖父母的帮助，基本上要靠自己努力了，所以在学习过程中难免不断地碰钉子，学习自然不那么顺利了。另一方面，中学集体生活对中学生的要求更高了。比如，要服从集体生活的原则。这样很难使每个同学都那么"顺心"。所有这一切，常常使一些中学生感到学校的生活不称心，而在学校又不便发作，只得处于闷闷不乐的消极情绪中。可一回到家里便常常发脾气。长此下去，学习就会受到很大影响。

怎样使自己有良好的学习情绪呢？①要不断地提高自己的觉悟，端正学习动机，加强修养，使自己的心胸开阔，提高正确对待挫折的耐受力。②要不断培养自己的优良品质，特别是自控能力，使自己能经常处于一种冷静而理智的状态之中。③要不断培养学习的兴趣，把学习看成是一件乐事。④要在情绪发生波动时善于转移注意力，有意识地做些能转移自己注意力的有意义的事，尽快使自己平静下来。⑤要积极锻炼身体，讲究卫生，保证身体健康。身体不好，或不能正确对待青春期身体发生的变化，这也是导致消极情绪的一个重要原因。

厌烦的产生

"厌烦"，或者"厌倦"，是心理疲劳的一种情绪表现。因而，也可以把厌烦叫做"精神疲倦"。

人们为什么会产生厌烦感？为什么有些人厌烦感比较严重？这些都可以从心理疲劳上查找原因。

厌烦感因人而异，也会因时间、地点等条件的不同而不同。你感到厌烦的事情，别人不一定会厌烦；你对同样一件事，此时此刻感到厌烦，但换了一个情境后，却不一定会产生厌烦感。因此，引起厌烦感的原因是比较复杂的。

精神医学家们认为，引起厌烦感的原因，可以大体上归纳为外在的和内在的两大类：

1. 外在的原因。主要是指由于重复性的、单调性的、乏味性的工作所引起的精神不佳状态。比如说，当一个人对他所从事的工作缺乏兴趣的时候，就往往会引起厌烦感。这里所谓的"缺乏兴趣"，很可能就是由于感到工作单调乏味，对天天重复老一套感到烦腻。

同样地，像美味佳肴、游览胜地、奇妙书刊等，曾经使人感到兴趣的事物，如果一再重复，也会引起厌倦情绪。厨师、导游者、图书馆员，几乎天天都品尝、欣赏他们已经熟悉了几年以至几十年的佳肴、胜地、奇书，有时也会对这些外部刺激物感到心烦、不快、疲倦。

也存在着另外一种情况：当一个人对他当前所从事的工作感到困难的时候，也往往会暂时性地引起厌烦感。比如，变换新工种后一时适应不了，工作效率低，事倍功半，也会觉得很累、很烦。这种厌烦比较容易解决，慢慢熟悉、逐渐适应习惯了以后，厌烦感就会逐渐地减弱以至消失；如果仍旧解决不了厌烦感，大不了换一下工种，也就会消除厌烦的感觉。

以上是引起厌反感的外在的、客观的原因。解决这类厌烦感比较简单、容易，只要调整、改变外在客观的因素，厌烦感便会自然地消除。

2. 内在的原因。这类厌烦感和上面谈的情况不同，有些人不管干什么工作，都有一种无力的或者说是乏力的感觉。

为什么会产生无力感？虽然有可能和身体的某些器官发生病变有关，但对一个身体健康的人来说，往往是由内发的情绪状态所引起的，有时也可能是因为对周围环境产生过敏反应所造成的。比如，季节变化、照明强弱、通风设备，以及气温、湿度等原因引起了心理上的疲劳感觉。比如，久在阴暗潮湿、闷不通风又噪声不绝的车间工作，工作效率能高、情绪能不厌烦吗？孤灯如豆、光线不足，不仅伤害视力，也使人沉闷厌烦。甚至单调无变化的、没完没了地重复的刺激，也会造成厌烦。比如说，黄梅季节、秋雨连绵、"秋风秋雨愁煞人"，有谁能不感到愁闷厌烦呢？有位老奶奶每天在你的耳边唠叨个不停，你也会感到厌烦吧？

上面讲的一些厌烦表现，几乎都是属于正常的厌烦。从心理健康学的角度看，有些人的厌烦是由于精神贫乏、内心空虚所引起的。产生这种厌烦感的生理机制，简单来说，就是由于大脑缺乏外界的刺激而经常处于"休息"的状态。一个人的内心世界越是丰富多彩，那么他的厌烦情绪就会越少，因为他会用很多有意义的、有趣味的事情来填补自己的心灵和余闲时间。例如，深圳提出了"时间就是金钱，效率就是生命"的口号，生活在这样气氛中的人们，厌烦感就会很少。

由此可见，这里所讲的这一类厌烦感是和缺少期望有关系。如果一个人时时刻刻有所期待、有所希望、有所追求的话，那就会在大脑皮层上不断地产生一个个兴奋中心，使他处于精神振奋的状态，不会产生厌烦感。临床观察证实：病情严重的人通常不会觉得厌烦，因为他总是在期望病情好转、早日痊愈；相反地，那些病快治愈的人，却常常感到烦不可耐。

综上所述，消除由心理原因所造成的厌烦感的办法，可以列出下面几点：

1. 理想、信念不可缺。如果一个青年人失去了生活的目标，总是觉得前途渺茫，没啥"奔头"，那他（她）必然会感到终日恹恹无生气。中国有句俗话："当一天和尚，撞一天钟。"这当然是贬义的俗语，指责混日子过的人。如果你连每天敲钟的欲望都丧失了，还能不感到厌烦吗？

2. 身体锻炼很重要。"健全的精神寓于健全的体魄之中"，这句话是有一定道理的。一般说来，身体衰弱、病魔缠身，而又失去生活奋斗目标的人，往往会容易产生厌烦情绪。有个别的人，因为禁受不住痛苦不堪的慢性病折磨，以致生活乏味，失去生的意志。当然，在我们的周围，有很多有志青年没有被病残所吓倒，他们顽强拼搏、励志成材，这是因为他们有远大的理想和明确的生活目标。

3. 生活充实有意义。一心要为社会进步发展而竭尽全力贡献才智，为大众幸福而赴汤蹈火奉献汗水与热血的青年人，他们会生命不息，战斗不止，是不会感到厌烦的。相反的，一些乌合之众的青年团伙，由于缺少远大理想的精神支柱，生活目标只是吃喝玩乐，因而长久不了，一哄而散，也是这个道理。

让我们把生活安排得更加充实些，更加富有社会意义些！

青少年个性的培养和发展

什么是个性呢？心理学认为，个性是指一个人稳定的、独特的、整体的精神面貌。一个人的精神面貌是非常复杂的，它既包括一切人所共有的心理特点，如每个人都有认识活动、情感活动和意志活动，都有自己的民族感情、文化传统和风俗习惯等，也包括每个人区别于他人的独特的心理特点。如有人视觉感受性高，有人听觉感受性高；有人形象记忆好，有人抽象记忆好；有人思维深刻灵活，有人思维肤浅呆板；有人富有同情心、乐于助人，有人情感内向、离群索居；有人坚强果断，有人优柔寡断；有人兴趣广泛，有人兴趣狭窄；有人谦虚谨慎，有人骄傲自满；有人勤劳，有人懒惰；有人志存高远，有人胸无大志等。所有这些共同的心理特点和独特的心理特点，便组成了每个人总体的精神面貌，也就是个性。共同的心理特点和独特的心理特点是紧密联系在一起的。共同的心理特点总是体现在每一个个体身上，而每个个体独特的心理特点，又是在共同心理特点发展的过程中形成的。人们平时所说的一个人的个性怎样，主要是针对个性的独特性一面而言。俗话说，"人心不同，各如其面"，由于人的个性独特性不同，因此，人的个性表现千差万别，这就是个性差异。

青少年朋友们，许多在学业、事业上做出成绩的人，都有一个共同体验，那就是：人要有点精神。这个"精神"就是指个性。人生价值的表现，主要决定于一个人个性精神的表现。个性顽强，对祖国和人民有所贡献，人生就有价值；饱食终日，无所作为，人生的价值就渺小。人生的价值绝不是用金钱可以衡量的，应以对祖国和人民有无贡献为尺度。要发展个性，在人生道路上实现自我价值，就必须挣脱来自内外部的束缚，摆脱旧我，铸造新我。要扬弃自己个性中软弱无能的一面，志存高远，追求真知，在实践中锻炼自己，增长才干。这样，每个人都会在社会生活中，找到实现自己理想和人生价值的最佳位置。

哥白尼曾讲过一句名言："人生的真正价值在于对真理的追求。"一个人在发展中，要学会自己把住自己命运航船的舵柄，不向任何困难和偏见屈服。世界著名大音乐家贝多芬，早年失父，17 岁丧母，一生坎坷，30 多岁又失去听力。这对一个音乐家来说，无疑是个沉重的打击。但他不消沉，不气馁，直至去世，始终顽强地坚持生活和创作。他曾在给朋友的信中写道："我要扼住命运的咽喉，它妄想使我屈服，这绝对办不到……生活是这么美好，活他一千辈子吧！"

青少年朋友们，你们生活的时代远非贝多芬时代可比。今天的时代，是科学技术高速发展的时代，是社会主义经济腾飞的时代，它必然要求人的个性进一步得到解放、完善、和谐与全面发展，以适应时代的要求。而社会主义制度又为你们开拓了个性发展的广阔前景，重要的是在实践中锻炼、塑造、完善自己的个性，像贝多芬那样，扼住自己命运的咽喉，不向困难、厄运、偏见屈服，走自己的路，你们都将会成为祖国的有用之才。深切希望社会、学校和家庭，都来重视青少年个性的培养和发展，解除不必要的束缚、禁令、包办和关怀，让他们学会自己走路，自己设计自己，像雏鹰那样，去凌空展翅，锻炼自己的翅膀吧！

求学与挫折

青年学生立志考上大学，他们作出学习计划，付出艰苦的劳动，以求实现考上大学的愿望。虽然他们计划周密，并付出了巨大的努力，但都有可能达不到预期的目的，最终成绩不佳，或者名落孙山。这种失败就会使他们陷入一种挫折状态，从而产生厌学情绪。

挫折就是指个体在实现目标的动机性活动中遇到障碍，因无法克服所产生的紧张状态和情绪反应。构成挫折一般需要以下几种条件：①必须具有必要的动机和目标，如上大学。②必须具有满足动机和达到目标的手段和行动，如作学习计划、听课、做习题、自学等。③必须有挫折情景发生。

所谓挫折情景是指在实现动机、目标的过程中遇到了无法克服或者不可逾越的障碍，如考试成绩没上录取线，或因成绩上了录取线，但因身体原因未被录取。如果这种障碍经过人为的努力，或是通过迂回的方法得到解决，那挫折情景就不复存在。④构成挫折的障碍必须为主观所感知到，并因此使个体处于一种紧张状态或产生一种与此相对应的情绪反应，如失落、懊丧、痛苦等。

人们产生挫折的原因是多种多样的，概括地说有以下 3 种：

1. 自然因素

如台风、地震、洪水、干旱、火灾等自然灾害给个体造成挫折。

2. 社会因素

社会的政治经济、法律道德、风俗习惯等因素都可以使个人的行为遭受挫折。同学关系紧张，教师的教育方法失当，父母离异，规章制度不健全，都能使个体处于一种紧张状态和不良情绪反应中。

3. 个人因素

如身材的高矮、体态的胖瘦、黑色的皮肤、天生的缺陷等都是引起挫折的原因。个体各方面的能力、性格、思想品德等的限制也会成为产生挫折的原因，如一个缺乏音乐天赋、五音不全的人想成为歌唱家，他的客观实际能力限制了他的追求目标的实现，结果只能是失败、挫折，因为目标和能力之间的差距是无法消除的。

青少年最易受到的挫折主要是：想要独立追求自我实现而得不到父母、社会的理解；向往爱情而为家规、校规所限制；升学就业不如愿；想多交友、广社交而经济不独立等。

人们经常遇到挫折，其结果既有有利的一面，亦有不利的一面。挫折如果不超过个体的承受能力，则是一种磨炼，它可引导个体的认识产生创造性的变迁，提高解决问题的能力，引导人们用更好的方法满足需要。然而挫折过久过强，超过了个体承受能力，则可能引起情绪骚乱、不良反应或行为偏离。这里的承受能力是指挫折容忍力或耐受力，即个体遭遇挫折情景时能否承受，有无摆脱困境而使自己避免心理与行为失衡的一种忍受能力。如果一个人经常受到逆境的磨炼，生活经验丰富，就能正确对待挫折，正确分析挫折的原因，找到合理的心理适应方法，就能"任凭风浪起，稳坐钓鱼船"。而一个自幼被人宠惯、任何需要欲求能都得到满足、一直一帆风顺的人，稍有风吹浪打就会无所适从、处于紧张状态，产生严重的情绪反应。

可见，一个人会不会发生心理障碍，问题不仅在于有没有受到挫折，还在于是否具有耐挫折的能力。有意磨炼自己对挫折的耐受力，对一个人的心理卫生具有重要意义，正如孟子所说："天将降大任于斯人也，必先苦其心志，劳其筋骨，饿其体肤，空乏其身，行拂乱其所为，所以动心忍性，增益其所不能。"

 应激的产生

应激是机体在某种环境刺激作用下，由于客观要求和应付能力不平衡所产生的一种适应环境的紧张反应状态。人们所处环境中的各种刺激作用于人时，这种刺激就会被人感知到，从而引起主观的评价，进而产生一系列相应的心理的、生理的变化，对刺激作出相应的反应。当刺激比较强烈，超出了机体的正常反应能力时，就会引起机体心理、生理平衡的失调——紧张反应状态出现，即机体进入应激状态。换句话说，如果强烈的刺激需要作出超常规的努力才能进行适应性反应，那么这种刺激就引起了有机体的应激反应。

人们在进入应激状态时，会把各种潜力调动起来，集中各种力量积极活动来应付紧张局面。所以应激状态对机体有其积极的一面。具体来说，应激能使人具有特殊的防卫和排险机能，调动潜力能使精力旺盛，激化活力，增强反应能力，及时化险为夷。过度的紧迫感还能促进学习和工作，有利于提高活动效率。应激状态也有消极作用，能使人意识范围缩小，认识机能下降，自我估计丧失，从而使动作行为有些混乱。长时间的应激状

态对人的影响是十分不利的，甚至是危险的，因为在强烈的刺激下机体产生的一系列的应激变化，会引起植物神经、生理方面的改变和心理方面的一系列复杂的反应。应激状态的长时间持续，会使人的各种潜能逐渐枯竭，最终使人的心理、生理发生病变。

应激的心理和行为表现

应激状态的出现总伴随着一系列的心理和行为反应，下面主要谈应激状态下人的情绪和行为表现。

1. 情绪反应

有人通过研究发现，应激使人的情绪向低落或高涨两个方向发展。情绪低落时，人的面部表情冷淡，幽默感降低或消失，常有忧郁、绝望、消沉、沮丧等感觉。情绪高涨时的心情则特别激动，或兴奋，或暴躁、愤怒、怨恨、嫉妒、恐惧，并常常不分场合地表现自己。这种情绪极度低落或极度高涨的不正常情况，是某种应激状态的必然反应。

2. 行为表现

（1）攻击性行为。这是人们在应激时常采取的一种与愤怒行为有关的行为。攻击可以直接指向造成应激状态的人或事物，称为直接攻击。其方式可为嘲笑、谩骂或动手打人，甚至杀人。攻击行为也可采取间接方式，当攻击的目标过分强大，惹不起或不能攻击时，就把攻击的对象转向弱小对象，即所谓找"替罪羊"。鲁迅笔下的阿Q惹不起假洋鬼子便去欺负小尼姑，就是典型的攻击转移的行为反应。间接攻击还可以指向自身，如采取自我惩罚，甚至自我伤害的行为。

（2）抑制或逃避性行为。这是应激状态下较多采取的一种与抑郁和恐惧等情绪有关的行为反应。抑制性行为表现为活动减少、沉默寡言、不爱交往、表情呆滞、行为退缩、躲避现实、疲乏无力等。严重时出现木僵状态，麻木不仁，陷入不能自主的深度抑制状态。逃避反应常常是出于害怕的恐惧情绪，但有时也是出于判断和思考的一种策略，即"三十六计，走为上"。

（3）刻板式行为。这常常发生在紧急应激状态下，由于伴随着理智上的混乱，倾向于重复无效的行为动作，又称为"病态固着行为"。如剧院失火，人们想往外冲出去，但却往往拼命推拉上了锁的大门，虽然大门打不开，越是重复这种动作，就越可能丧失逃避的机会，但人们往往还要继续重复这种动作。此外，不顾一切后果的一意孤行的蛮干也是刻板式行为的一种表现。

（4）习惯性失眠行为。它发生在一个人经历了多次应付后仍不能解脱强刺激的挑战，而认为自己无能力改变现状的时候，表现为软弱无力、无所适从、无所作为和消极被动的行为，或在处于慢性应激状态时寻求精神寄托，求神拜佛以求神灵保佑。

（5）倾吐和发泄行为。处于应激状态的人往往寻求向亲朋好友诉说苦衷。一是发泄内心的积愤，二是求得别人的同情与安慰。

（6）特殊反应行为。有人吸烟猛增以驱散忧虑和烦恼；有人喝酒甚至酗酒，以便一醉解千愁；有人则要求大剂量服用镇静药；有的人则暴食。事实上，这些对于应付应激是徒劳无益的。

心理冲突的类型

心理冲突一方面是个体由于在两种或多种矛盾的愿望中选择的不确定性，而带来的痛苦及与客观实践之间的矛盾；另一方面是需要与非需要之间的矛盾。心理学家将心理冲突分为三类：

1. 双趋式冲突

有两个共存的目标都符合自己的需要，由于实际条件的限制，两者不可兼得，这时便产生了两者难以作出取舍的心理冲突。如因经济或个人能力的限制而无法同时获得两个目标，必须选择其一，舍弃另一目标。双趋式冲突有时也会使人苦恼，但这种冲突较易消除，几乎不会带来行为上的障碍，如要在两个同样美丽、文静、善良的姑娘中选出结婚对象。在这类冲突中，一旦实现了某一目标，另一目标的吸引力便自动丧失。

2. 双避式冲突

有两个并存的目标都违背自己的需要，但由于客观环境所迫，又不得不选择其中一个目标对象，才能避免另一目标对象。在作出这样的抉择时便产生双避式冲突。如你到一个不熟悉的名山风景区旅游，出于好奇走了一条小路然后迷路了，找不到出路已经饿了好几天，奄奄一息。这时候有一些你平时怎么也不会吃但无毒的野果放在你面前，你面临的就是双避冲突，要么饿死，要么得忍受野果的难吃。比之双趋式冲突，双避式冲突更为严酷。

3. 趋避式冲突

对于同一目标，可以满足某种需要，但同时也可能构成威胁，在进行抉择时产生趋避式冲突。如一位同学参加一次集体活动，当他被邀请时，他很难说"不"字，以免失去这个机会，可是他认为自己性格孤僻，不擅长社交，笨嘴笨舌，怕在活动中留下不好的印象。在作出这样的抉择时，常因权衡利害得失而陷入犹豫不决的困境，从而引起强烈的不满情绪。

在现实生活中，心理冲突不仅经常发生而且情况错综复杂，常常不能获得妥善的解决，在人的精神生活中成为一个干扰因素。心理冲突如果加剧，成为超强度的、不能忍受的，或者心理冲突不是超强度的，但长期持续作用，都会导致紧张和焦虑情绪，不利于心理健康。强烈的或持续的不良情绪与易感的身体素质相结合，可能成为某些疾病产生的主要原因。

心理冲突的适应

人们处于挫折冲突时会努力应付，试图通过调整自身或环境作出适应性反应，摆脱困境和苦恼。冲突的适应性反应方式主要有以下几种：

一、自我防御反应

1. 压　制

人人都免不了有一些为社会所不容的动机冲突，而这种心理压力不易发泄，于是就进行压抑和克制，使其排除于记性之外。当然，被压抑的东西并非消失，只是被意志力克制，在一段时间（可能相当长）内潜伏着，一有机会仍可能逸出，如触景生情、梦、口误、失态等，甚至转化为心理失常、精神障碍等身心疾病。否认、自欺、自残、超脱都属压抑的不同方式。

2. 托　辞

当一个人追求某项事物而得不到时，或者行为表现不符合社会规范时，为了不失面子，减少内心的失望，维持个人自尊，找一个冠冕堂皇的理由，以自圆其说，就像吃不到葡萄就说葡萄酸的狐狸一样，所以称"酸葡萄心理"。以此冲淡内心的不安和痛苦，只是一种权宜之计。这种总想对自己所作所为给以合理解释的做法，俗称"找辙"。推诿亦属找辙的一种。

3. 升　华

当一个人本能的冲动或者自己的意识不能被接受和容忍，也为社会道德所不容时，就及时地改弦易辙，将不为社会所认可的动机或欲望导以比较崇高的方向，使其具有创造性、建设性，符合社会规范和要求，加以净化、提高后再宣泄出来，以保持心理平衡。历史上有许多升华的范例，如歌德失恋后写成震撼欧洲的名著《少年维特之烦恼》。升华是一种有积极意义的自我防卫。

4. 认　同

生活就像一团麻，不可能事事都理出头绪，符合自己的心愿和认识。偶尔也要屈服，改变自己的认识。胸怀大志的人眼光放远，"退一步天宽地阔"。只要大事不受影响，在无足轻重的小事上可不必过分坚持，作出让步、认同，可以减轻自己的烦恼。

5. 幻　想

通过回忆和想象的作用，让自己处于一种理想的境界，用脱离实际的虚构的方法应付挫折和冲突，在幻想中处理心理上的纷扰，让欲望得到满足。如鲁迅笔下的阿Q所采用的精神胜利法。这种自我安慰、虚构想象的方法，能在一定程度上缓解紧张的心境，但也容易陷入与现实分离的境地，产生更大的烦恼。幻想如果运用得当，亦可激发一个人奋发向上。幻想的常见形式有"白日梦"和"精神会餐"，借此脱离现实，在幻想中得到满足。

6. 善于对内心进行表达

心绪纷乱解不开时，去找老师、亲朋好友或其他信得过的人畅述心境，利用幽默或"将心比心"等不同的方式婉转或直率地表达内心，调节内心的冲突，求得别人的疏导和指点。

二、直接控制法

1. 少　思

在一定的时间内只去做或思考一件事，以减少精神负担。心理学家认为，面对许多急需处理的事情，精神压力大，易患忧郁、精神崩溃等疾病。

2. 冷　漠

冷漠绝非感情冷漠、麻木不仁、无动于衷，它是一种情绪体验和内心活动，只是将受挫折后的不快暂藏心底，以减轻烦恼，起到稳定和调节情绪的作用。

3. 语言暗示

语言具有独特的高级心理功能，语言暗示对人的情绪乃至行为都会有奇妙的影响和调节作用。它可以使紧张状态放松，使不良情绪得到缓解。语言暗示可以用不出声的内部语言，亦可自言自语，或在无人处大声疾呼以加强效果，还可以以悬挂词语等方式鞭策自己。

4. 孤　立

从不能满足的情境中退却，尽量避免同现实接触的反应。如受了批评，避免同友人、同学交谈以减少烦恼。

5. 补 偿

把某些情绪化为行为的力量，具有修复和补偿功能。如其貌不扬，便把精力集中到学习和科研上，从学习和事业成就中得到补偿。

三、直接行为控制

1. 迁 怒

"找替罪羊"，把一股怒气发在无辜者身上，是改变目标的间接攻击。如丈夫在外面受气回家向妻子发泄，夫妻吵架摔东西。其愤怒虽没直接指向目标，但由于得到发泄，可以使心情得到一时的平静。

2. 执 拗

故意重复做某种无效的动作，尽管这种动作无任何效果，但仍然要做下去，以表示自己不满的抗议，往往不能被其他适当的行为所代替。

3. 幽 默

以间接攻击代替直接的人身攻击，一束鄙视的目光，一个刻薄的嘲讽，或半真半假寓意颇深的玩笑，都可以使对方感到屈辱，从而使自己的怨恨得到缓解。

4. 攻 击

这是在消极情绪下产生的、受愤怒情绪所支配的行为。如嘲笑、斥责、殴打使其受挫折的对象。

5. 转移注意力

把注意力从消极的情绪中转移到积极方面去。如在苦闷的时候听听音乐等，或者强迫自己做一些与激情相反的动作，如开窗、踱方步。另外，踏青、观景等行为也是转移注意力、驱散烦恼的有效方法。正如王羲之所说："情随事迁，感慨系之矣！"

心理疾病的三个发展阶段

　　人们产生心理疾病时，大都有个从浅到深、从轻到重的发展演变过程。我们若是了解到它的发展过程，就会有助于判断心理疾病患者究竟"病"到了什么程度，也就可以有针对性地采取相应的措施。

　　心理疾病大体上有如下三个发展阶段：

　　1. 初期阶段。在生理上和心理上的主要表现是，接受身体的内部或外部刺激后，会直接地，甚至是立即地产生"反应性"（也可以叫作"应答性"）变化。例如，惊叫、否认、不予理睬、心悸、血压升高等现象。属于这一阶段的"患者"，一般会表现出如下一些情况：

　　（1）有的患者自我解嘲。他们的行动往往像是无意识地、在不知不觉的状态下做的，甚至会"自欺欺人"式地为自己的行动辩解，认为自己的行动是合理化的、理想化的。例如，自己干了一件蠢事，当别人批评或劝阻他的时候，他反倒振振有词地说什么"你不懂"、"你外行"等。

　　（2）有的患者转移目标。他们往往用另外一种虚假的情感来代替、掩饰真实的情感。例如，失恋时，用回忆对方的全部"缺点"来冲淡爱慕、思念的感情。

　　总之，心理疾病刚刚发作的时期，患者给自己寻找排泄心理阻塞的出路，寻找逃躲心理遭受风暴冲击的避风港。

　　2. 中期阶段。这一时期的心理疾病患者，在生理和心理上主要表现为不适应性的变化，心理疾病的先兆越来越显著。他们一般会表现出如下一些情况：

　　（1）情绪反应强烈。例如，恐惧、焦虑、愤怒、抑郁、内疚、羞愧、怨恨、委屈，甚至有癔病性反应、妄想症反应、强迫性反应和疑病性反应等。

　　（2）行为变化强烈。例如，肌肉紧张、颤动、口吃、用手敲桌子、失眠、拼命地抽烟或喝酒等。

（3）生理变化强烈。例如，厌食、口干、胸闷、干咳、心动过速、心区疼痛、脸颊潮红、多尿、尿急、多汗、月经不调、乳汁减少等。

3. 后期阶段。这是真正的疾病阶段。在这个时期，患者随着来自身体内外刺激的强度、时间频率的不同，以及每个人的人格特点的不同，会出现各种不同形态的精神症状，严重的会自我伤害。这样严重的心理疾病患者，应该向精神病医生和变态心理学专家求助。至于心理健康学，只能从"防患于未然"的角度出发，帮助一些心理疾病初期患者，防止症状恶化到后期阶段。

心理疲劳与心理疾病

青年朋友可能对"心理疲劳"这个词感到很生疏，也许从来没听说过。的确，人们经常爱讲身体疲劳、生理疲劳，但却很少讲心理疲劳。那么，什么叫做心理疲劳呢？

在没有回答这个问题之前，请你先回想一下，你是否感到自己有下面这样一些症状。

1. 早晨起床后，感到全身发懒，四肢沉重，心情不好。

2. 工作不起劲，什么都懒得去做，甚至不愿意和别人交谈。

3. 工作中差错多，工作效率也低。

4. 容易神经过敏，芝麻大一点不顺心的事，也会大动肝火。

5. 因为眩晕、头痛、头重、背痛、恶心等，感到很不舒服。

6. 眼睛容易疲劳，视力迟钝。

7. 犯困，可是躺到床上又睡不着。

8. 便秘或者腹泻。

9. 没食欲，挑食，口味变化快。

如果你感到自己有这些症状，那就可以说你的心理很疲劳了。因为这

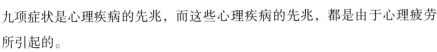

九项症状是心理疾病的先兆，而这些心理疾病的先兆，都是由于心理疲劳所引起的。

为了把心理疲劳和心理疾病的关系讲清楚，下面分别从几个小问题谈起。

1. 生理心理学家给心理疲劳下的定义是：在长期思考或者在和别人激烈争吵后，陷入"心力衰竭"状态的疲劳，叫做心理疲劳。心理疲劳的一般表现是：当你长时间持续不断地从事力不从心的脑力劳动后，你感到精力不支，而且劳动效率显著下降。

引起心理疲劳的原因很多。比如说，周围环境不安静、噪音多，干不熟悉或者不习惯的工作，过亮的照明，以至营养不良、低血压等，都是心理疲劳的病因。但是，最大的原因还是心理因素。例如，烦躁、焦急、过重的心理压力等。同样的不安静的环境、噪音、不熟悉的或不习惯的工作条件以及各种不利的外界条件，对于不同的人的心理疲劳影响，不仅仅在程度上、强度上会不相同，甚至有的人根本不会有反应作用。这就很清楚地说明了心理因素是造成心理疲劳的最主要的原因。

从临床上可以看出，心因性疾病的患者，心理疲劳的症状最重，他们最容易患神经失调或者神经紧张这类疾病。心理疲劳是心理病症的警告信号。如果不重视这个信号的意义，硬是要去闯"红灯"，咬紧牙关硬挺过去，仍然继续去干力不从心的繁重的脑力劳动，那么你的疲劳感觉会进一步加重，就有可能引起各种心理疾病。

不过，在日常生活里，有时你"感到"疲劳的这种疲劳感，和疲劳本身并不是一致的。比如，当你学习你讨厌的数学时，也许半小时你就会感到头昏脑涨，十分疲劳；可是当你看你喜欢的推理小说时，也许连续看上3个小时，也不会引起疲劳感。30分钟和3个小时的差别是大的，看3个小时而不感到疲劳，看了30分钟反而感到疲劳，说明"疲劳感"包含有主观性和个体性。

你感到心理疲劳的，他不一定感到心理疲劳；反之也是一样。除了由于每个人的体力、身体耐力不相同之外，更重要的是，还同每个人的毅力、心理耐力和兴趣爱好、情感情绪等心理因素的差异有关。另外，每个人对心理疲劳的理解和解释，以及对待方式也会不同。不过应该说，心理疲劳和身体健康状况、体质素养的关系极为密切，"健全的心理寓于健全的体魄之中"，这种说法还是有一定道理的。

2. 心理疲劳不容易解除。老实说，生理上的疲劳容易解除，一般人的经验是美美地睡上一觉就能恢复体力，实在不成，休息几天或者去疗养院休养一段时间，那么就又会充满活力。可是，消除心理上的疲劳却相对比较复杂。俗话说，"解铃还须系铃人"。你首先得找出造成心理疲劳的心理原因，如果查不出、弄得不好，心理疲劳就会拖下去，成为一种棘手的痼疾。

下面提出五点解除心理疲劳的建议，不妨一试。

1. 严格地掌握作息时间。工作、学习和生活都要纳入有计划的轨道，准确地、有规律地掌握你的作息时间。干什么事都不要拖拉，把平日每天的工作时间，最好控制在 10 个小时以内。

2. 适度的运动。运动可以促进血液循环，加速新陈代谢。实验证明，慢跑一分钟可以摄取到 30～50 升的新鲜空气。因而你若是每天能够坚持哪怕是慢跑之类的轻微体育活动，每分钟吸收 1 升酸素、消耗 5 卡的热量，就足以使你把过多的脂肪消耗掉。因此，青年朋友每天至少应当跑跑步。至于怎样跑法好，那倒没有什么严格的规定，因为快跑也好，慢跑也好，都可以使你避免身体虚胖，不仅振作精神，也可以保持体态匀称，使你的身心更加健美。这是因为生命现象是靠摄取到的酸素点燃起吸进体内的营养素来变成能量，同时向体外排出不断产生的二氧化碳和老废物质来维持的。而要想做到这一点，只能靠适度的运动。

3. 吃多种多样的食物。不要挑食，要研究科学的吃法。所谓科学的吃法，就是要考虑到生理上的营养需要，均衡、全面地摄取必需的营养物。这并不是说每天都要吃大鱼大肉，如果条件允许，在每天的食谱里，奶制品、豆制品、蔬菜、水果、海藻类等，要适量搭配。现代世界第一流的营养学专家们，对于食物的一致看法是：应该吃多种多样的含热量较低的食物。

4. 熟睡。当你疲劳时，你应当争取获得一夜好眠，这对你消除疲劳和恢复元气是很起作用的。现代生物学已经有充分的论据证明，不仅仅是人类，所有一切生物的生命，都是由活动期和休息期有节奏地反复交替所构成的。而休息期间，效率最高的时间就是睡眠。因此，要重视睡眠和心理健康的紧密关系。根据美国加州圣地亚哥市荣民医院睡眠失调诊断部主任丹尼尔·克瑞佩克博士的研究报告，在6年当中每晚睡眠不足4小时的成人，死亡率比每晚睡7~8小时的人要高出80%；可是每晚睡眠时间超过10小时的人，他们的死亡率也比那些每晚只睡7~8个小时的人要高，只不过比率比前者低些而已。这就说明：①对于一般的青年人来说，"足够"的睡眠意味着应该是一昼夜保持在7~8小时；②破除陈旧的观念，不要认为睡得越多越好。

5. 最好的身心保养是善于利用闲暇时间。生活要有紧有松，不能把大脑的神经弦老是绷得紧紧的。只有善于休息的人，才能更好地工作。而这里讲的"休息"也就是保养自己的大脑，大脑必须经过保养休整以后，才能重新焕发生命的活力，保持心理健康。

厌学精神疾病种种

英国的研究报告提出90%的自杀者患有精神疾病。有人指出2/3的自杀者患抑郁性疾病。美国有一回顾性研究，发现134例自杀身亡的人中，60例有躁狂抑郁症病史，31例是慢性酒精中毒，5例有慢性脑病综合征，3例为精神分裂症，2例为药瘾，25例诊断不明，但肯定是精神疾病，5例有内科疾病史，只有3例是正常人。显然，精神疾病是导致自杀的主要原因，应受到高度重视。有些学者认为一些原因不明的自杀或"意外死亡"，在排除他杀后，应考虑死者患有精神疾病。抑郁症与自杀关系较密切，应引起人们的高度警惕。

抑郁症患者表现为情绪低落、兴趣减少、工作学习效率低、对未来悲观失望、早醒、精力不足、无明显原因的食欲锐减、体重减轻、时有轻生念头等。轻者可与环境保持良好的接触，常不易为人们所觉察。抑郁症患者自杀率约为10%～15%。在青少年中，有多高比例的人患抑郁症，尚无确切的统计数字。因其症状隐蔽，不易被发现，故应引起人们的警惕。下面的例子，可以给我们一些启示。

例1，女性，21岁。她在大学一年级初期学习成绩颇佳。但逐渐感到脑子很笨、发木，心情不畅，消沉、沮丧，对学习无兴趣，对未来缺乏信心，悲观失望。常诉疲乏无力，精力不足，学习成绩下降，以致数门功课不及格，经常回到房间哭泣，少动、少语。哥哥是同校的研究生，经常责备她不争气，于是心理压力更大。老师发现，她情绪低落已经两个多月，认为她患了抑郁症，应找精神科医生及时医治。而她的哥哥否认她有精神病，拒绝医治。老师很同情她，亲自找精神科医生咨询。医生特别提醒应防范自杀。不幸的是未能及时处理，一周后，她跳楼自杀身亡。

例2，女性，大学生，高中毕业时是班上的优秀生。大学第一学期，她学习成绩名列前茅。半年后，她感到脑子开不动，听不进课，记忆力不佳，疲乏无力，早醒，情绪十分低落，无法继续学习，主动要求回家。父母感到惊讶，误认为她可能因失恋影响了情绪与功课，不仅不给予安慰，反而斥责了她一顿。她感到十分委屈，诉说自己的抑郁体验，父母依然不能理解。后因她多次想轻生，其母才来找精神科医生诊治。得悉女儿患抑郁症后，其父亲才如梦初醒。经服药治疗，情况良好。

以上两例抑郁症，起初均未能被亲人觉察。后因处理不同，结果迥异，教训可谓不小。在青少年中不乏类似情况，应引起高度警惕。

无论是抑郁症患者还是正常人，选择轻生，均有一个心理过程。在情绪极低时，他们常有绝望、无助，自认无价值、活着无意义，回忆过去，谴责自己的体验。他们面对现实感到困难重重，展望未来感到悲观失望，认为自己活着是家人的包袱，轻生的念头便黯然而生。

轻生的行动过程可分为三个阶段。第一阶段先出现轻生意念。第二阶段这些意念不断涌现，进而变为行动，但往往是不成功的，因为患者对生

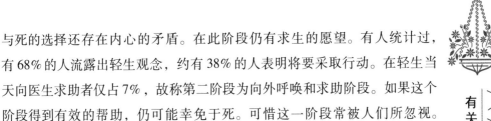

与死的选择还存在内心的矛盾。在此阶段仍有求生的愿望。有人统计过，有68%的人流露出轻生观念，约有38%的人表明将要采取行动。在轻生当天向医生求助者仅占7%，故称第二阶段为向外呼唤和求助阶段。如果这个阶段得到有效的帮助，仍可能幸免于死。可惜这一阶段常被人们所忽视。最后阶段，轻生者往往果断、坚决地采取出乎人们意料的行动，其轻生成功率极高。

轻生是可以预防的。下列几点，不可忽视：

1. 减少压力。青少年的压力不外乎来自家庭、学校和社会。这些心理、社会因素容易导致青少年发生情绪危机，如危机得不到妥善处理，则可能迫使青少年走上绝路。父母和教师应善于了解孩子的内心活动，及时给予安慰、关心与开导，并帮助其解决具体问题。对付危机的方法要因人、因事而异。一般应稳定情绪或诱导宣泄，解除忧伤，帮助他们顺利渡过危机。必要时可到精神科进行心理咨询。

2. 纠正不良性格。不是每个青少年遇到心理创伤和危机都走绝路。轻生的毕竟是少数，这与他们的个性有关。性格内向者，遇到问题不愿暴露；抑郁倾向者，看问题悲观消极，不易看到事物光明的一面；性格固执者，遇到挫折，则认为事已至此，无法挽回，别无选择，只有一死了之；情绪不稳，趋向极端者遇挫折也易发生轻生念头。作为青少年，要纠正不良性格，就应不断从实践中锻炼自己，从克服各种矛盾、冲突中，提高自己的认识水平和应付能力；同时要善于自我控制、自我评价，在克服一次又一次的困难中逐渐成长、坚强起来。

3. 对轻生的预测。轻生有一个心理过程，如能及时发现并加以防范，是可以避免悲剧发生的。据统计，从轻生预备到轻生，历时半年以上者为81.3%，其间有充分的时间来预防。一般青少年企图轻生者6%～27.5%有遗书。对青少年的轻生企图，父母、教师和亲人要细心观察，及时发现，加以疏导。对长时间情绪低落者或抑郁者，宜及时找精神科医生或心理工作者诊治。

厌学生的心理分析

　　"厌学生"的提法过于笼统，厌学的原因要具体分析，是学习基础不好、学习成绩落后，还是学习态度不端正、学习方法无效率？是思想品德素质低，还是行为规范纪律差？是个人性格、心理行为有偏差，还是不太聪明？各种各样，不一而足。通常来说，厌学生大致有下面几种类型。

　　1. 从全面发展的角度来看：有的学生思想纯正、品德优良，但成绩却长期处于尾部；有的学生学习成绩不错，但在思想品德、行为规范方面却很有欠缺，屡犯校纪校规，具有极强的叛逆心理；有的学生则思想品德和学习成绩皆不错，但身体素质不太好，有点压力就容易厌学；还有的学生身体挺棒，可品德和学习成绩都不太理想，当然这样的学生是极少数，却也是厌学的一小撮。

　　2. 从智力角度看：有的学生的确不聪明，反应较通常学生要迟钝，再加上基础不好，学习方法不对，因此尽管他要学，也没什么起色；有的学生智力并不差，只是因为学习态度一直不够端正，不肯下苦功，所以成绩也一直上不来。

　　3. 从心理行为看：有的学生虽竭尽全力，也难有所成，尝够了失败的痛苦，故面对学习产生厌学情绪；有的学生则平时学习尚可，但一到考试就紧张，引起行为失常，且越是大考越紧张，越失常；有的学生则认为眼下努力为时尚早，自己从来都是靠"临时抱佛脚"，现在"苦读"不合算，不如到时候再说，故而成绩也难有起色。

　　总之，对厌学生要具体分析，要辩证分析，要用发展的眼光来看。正因为厌学生的类型各种各样，所以他们的心理也不尽相同，大致有以下几种情况：

　　1. 自责。恨自己"笨"，恨自己"不成器"，恨自己"不成钢"。这种心理主要是那些学习态度尚端正，但学习成绩总是无大起色的学生。他们不是没有拼搏过、奋斗过，却一次一次尝到失败的"苦果"，于是他们动摇了，退却了，丧失了自信。

2. 打混。这种学生厌学情绪的表现主要是无所谓。他们往往因家庭境况较好，而无紧迫感。热衷于穿名牌、交朋友、追明星、玩电脑，看到别人学习艰苦认为是不值得，且寻得"欢乐""开心"就行，做一天"和尚"撞一天钟。

3. 后悔。这部分学生对以往因为自身的所作所为而造成的某方面"差"的状况后悔，为目前差人甚远而担忧，为找不到正确的方向而彷徨，为没有正确的"向导"而发愁。这部分人在厌学生中绝不占少数。

4. 灰心。自暴自弃，这也是厌学生中一种较普遍的心理。他们认为，自己在思想品德或学习方面的"差"，甚或"双差"，如今已是积重难返，自己即使想努力，也未见有什么用。有的学生以往也许跟教师发生过争执，给教师留下过不好的印象，他们看自己的前途，觉得一片黑暗，于是也就缺乏前进的动力，缺乏前进的目标，从而采取自暴自弃的态度。当然，实际表现中，情况则更为复杂，有的是半悔半恨，有的则是既"灰"又"混"，还有的是由"恨"再"悔"而"灰"，不一而足。

厌学的种种表现

厌学情绪之普遍

不管小学、中学，还是大学，厌学是现在每所学校都存在的普遍现象。如何培养学生的学习兴趣，激发他们的学习热情，成了当前普遍关注的问题。

学习厌倦也就是厌学，厌学往往是一种不自觉的心理行为。厌学轻则引起学生学习成绩下降，失去学习兴趣；严重的还会使他们悲观厌世，消极面对人生，甚至走上犯罪道路。

厌学有轻重之分。在很多学生中都存在厌学问题，只有中度和较严重程度的厌学，心理学中才认为是心理问题。厌学的学生虽然能够在思想上认识到自己的学习与前途和命运的关系，但他们总是不自觉地对学习感到厌倦。

厌学的主要表现为：对学习感到乏味，对学习任务有抵触情绪，缺乏兴趣和学习积极性，上课精神涣散、打瞌睡、注意力不集中。有的学生还对教师和家长有厌烦情绪，有的学生则表现为消沉、不安，制造事端，有的学生甚至厌烦学校、经常逃学、离家出走等。

假如强迫厌学的学生学习，往往会使他们感到痛苦、紧张、急躁，甚至导致他们无所谓的态度和语言行为上的对抗。

学生自编《厌学歌》

孩子厌学情绪的普遍滋生，已经成了中小学教育不得不正视的核心问题。据调查，就是所谓学习优秀的学生，有的也惧怕和厌恶学校的学习生活，有些学习文化知识的"困难户"，对学校学习更是到了深恶痛绝的地步。

一句话，孩子厌学情绪泛滥，不愿意进学校学习，学习成了他们觉得恐怖的事情。长此以往，不仅会影响教育的发展，还会培养出一大批心理偏差的学生。

厌学并不表示学生智力有问题，很多厌学的学生在其他方面的表现相当好。正如厌学表现的多样性一样，造成厌学心理与行为的因素也是多种多样的。

"唉！学校/想忘掉/书包小小/人却欲将老/上课想着睡觉/却被教师话打扰/托书发呆冲着墙傻笑/哈欠连连眼疲劳/心中风儿飘飘/幻水潴波涛/长叹暗笑/受不了/啥时跑?"这是媒体披露的一个学生在讲堂上作的诗，表达了自己严重的厌学情绪。

学生厌学是老师在教育和教学工作中经常遇到而又感觉到解决起来较为棘手的难题之一，而这种情绪正日益在中学生中蔓延，不只表现在后进生的身上，一些所谓的优秀学生也惧怕或厌恶学校的学习生活，轻者造成学生学习成绩下降，重者引起逃学。由此可见，如何处理中学生的厌学问题已成为中学教育不得不正视的一个严重问题。

幼儿园就开始厌学

有一位妈妈曾咨询：

"我儿子佳佳从去年上幼儿园到现在，每天醒来第一句话就是跟我说妈妈我不想去幼儿园，但事实上，他并没有在幼儿园过得不开心，教师非常喜欢他，小朋友也很爱和他玩，饭吃得好，觉睡得也香，每天回来还表演在幼儿园学到的东西。"

儿童心理科专家指出，幼儿不愿意上幼儿园有多种原因：

1. 一些幼儿是害怕与父母分离，当与父母分离后或面临分离时就情绪不好，甚至出现头痛、肚子痛等症状。这种儿童主要是没有对父母形成一种安全的依恋关系。

2. 一些幼儿是因为父母过度溺爱，养成了有要求必满足的习惯，而在幼儿园则得不到满足，因此宁愿呆在家里。

3. 另外一些幼儿性格比较胆小怯懦，适应环境的能力不强，在幼儿园比其他幼儿更容易受挫折。他们一旦受挫折后就采取退缩的方式解决，因而不愿去幼儿园。

4. 也有些幼儿根本不是不愿意上幼儿园，而是早上不愿意起来，撒撒娇，用"妈妈我不想去幼儿园"这句话同父母亲近或获得好处而已。上述例子也许是这种情况。

假如是这样，父母不要过分关注这件事，要淡化解决。可以转移注意力，用一些幼儿感兴趣的事件吸引他，注意他的一些其他的良性行为并给予肯定。

有时候可以给出两种情况让幼儿选择，如"你今天是要爸爸送还是妈妈送""你是自己走还是妈妈背"，两种选择中无论他选择的是哪一种，都是服从你而去幼儿园，这样就避开了上不上幼儿园这个问题，使他无形中落入了你的"圈套"而照着你的要求办。

另外，父母不要因一点小原因就轻易不送幼儿去幼儿园，要让他们意识到去幼儿园是他们的"工作"，正如父母上班一样必须每天都去，一旦养成了习惯后，他们也会克服困难。

假如幼儿不愿去幼儿园是第一种原因造成的，那么幼儿需要看心理医生，进行心理辅导和游戏治疗。

厌学的挣扎与呐喊

我现在是一名高二的学生,学习压力很大,数学真的好差,不知道怎么办了!现在几乎不上数学课,其他课还不错,只要数学能在七八十分,考本科还是有机会的,然而现在没信心了!

对学习没想法,一看书头就痛,想学然而没办法,老是分心分神!我觉得现在浪费时间啊!我也不想让父母失望,现在不知道要不要学习下去,不学也不知道怎么办,读哪种学校?

我现在成绩排在10多名,班上70多个同学,学下去还有意思吗?数学能补上去吗?说实话,我真的对数学没兴趣,我喜欢地理、历史这些科目,成绩也不错,英语也喜欢。

不知道该怎么办了,不想让父母担心啊!他们都是生意人,家庭条件也不错。

怎么办啊?烦躁啊!我的数学差,不是因为我不练习,而是我数学基础本来就不好。老师也说我学习不努力!现在真的没在学习状态,想学,试着去调节,没效果,打不起精神来了……

怎么办?读下去还有意思吗?呜呜!帮帮我!谢谢!

一个孩子厌学的心声

我,女孩,现在初三。

我是个独生女,父母很疼爱我,因此我的心理承受能力很差。

我性格内向,很是厌学,小学时就这样。因为我很老实,当时班里的女生都欺负我,我又不敢和父母说。

上初一了,我每天都刻苦学习,成绩也不错。可是我竟然还是恐惧上学，怕老师提问答不上来。我一到上学就哭，而且晚上也睡不好，总要醒来一两次。到了第二学期，我就开始逃学。

初二对学习彻底失去了兴趣，一点都学不进去。成绩也一落千丈。当然更不想去上学。开始经常不去上课，请病假。爸妈没办法，只能每天看着我叹气。

初三，成绩方面已经是无法挽回了。我彻底不想上学了。这么多年，我受够了。虽然也快毕业了，但是我整个人已经到了极限了。

晚上躺在床上，我经常会哭。每天都会做许多梦，醒来都会很累。

我每天都想过轻生，也尝试过，可我实在下不了手。爸妈还说我是吓唬他们，可我没这么想过。我是真的想死，只是没有勇气。

以前我只是不想去学校，我也有过很多爱好。可是，现在仅有的那点爱好也渐渐消失了。现在的我对什么都没兴趣，这个世界对我来说就是一片黑暗。

……已经好几天没去学校了。

现在假如不考高中，上职业学校不一样还得上课吗？还得面对同学，我害怕。因为人际关系我也搞不好，平时不怎么说话，也不知道和别人聊些什么。因此朋友也很少。

我到底怎么了？是厌学症？还是别的什么病？我要不要去看看医生？

以后怎么办？我快崩溃了！

好孩子也厌学

有一个中学生给教师留下一封信，信中表示了对教师多年教育的感激，称辍学出去与学校无关，只是不想学习了。然后半夜跳墙出去了。

教师后来找到他后，和他家长交流才知道，在家长眼里他是比较孝顺听话的，其他方面也还令人满意。最近，他学习还算刻苦的姐姐没考上大学，去打工了。他还有一个哥哥在上高中，不学无术，整天想出去上网。

对待这样的学生，普通教师真的无能为力，即使专业咨询师，可能也不是一次两次就能解决问题。就像《中国青年报》一篇题为《哄地来了，倏地走了》文章中，刘猛教师对灾后人民进行心理干预一样，对这些学生要做长期的工作。但是一些学校里没有专职心理老师，科任老师还有其他事情，所以，做起这项工作的确不容易。

这类学生有的走了，有的因为教师工作得力又留下来了。曾经有一个高三的女孩把书包、被子都拉到校外了。正好被她的教师看见，把她喊到办公室和她交流，最后还是留了下来。虽说女孩最终能否考上大学还是个疑问，不过她毕竟完成了高三的学业，或许对她今后的人生有所帮助。

正面引导，动之以情，晓之以理，用事实说话，是上大学好还是不上好，只有转变思想，这些学生才可能有救。

"火烧毕业证"为哪般

一段标题为《80后大学生火烧毕业证》的两分钟视频，一度在网络上疯传。视频的主人公小郑，2005年毕业于湖北某学院英语教育专业，求职5年屡屡受挫，一怒之下，他一把火烧掉了大学毕业证书，并用手机将这一过程拍摄下来，上传到互联网上，在网民中引起不小震动。对此事件，跟帖者多多，议论者纷纷。

据小郑自我介绍，他28岁，吉林人，理想是当一名教师。2005年毕业后，他在广东任过代课教师，月薪1000元左右，2008年被辞退。后来，他回到老家，白天找学生补习，晚上在学校门口摆小摊、卖烧烤，"赚几个零花钱，勉强度日"。

"现在找工作太难了，没有背景，家里困难，又不是名牌大学毕业，投简历都是石沉大海。"小郑说，5年间他无数次投简历，都被拒之门外，这些经历把他年少时美好的抱负和梦想都磨灭了。他想自己创业，但经济条件不允许，父母下岗失业，他上大学则花光了家里积蓄，自己工作挣的钱都寄回家还债了，而"想贷款，门都没有"。

"要毕业证没用，许多地方甚至连面试的机会都不给你，我这几年大学是白读了。"解释火烧毕业证的原因，小郑表示，他不想作秀，更不想被人同情，就是想发泄心里的压抑和无奈，同时也想借此引起社会对失业大学生的关注。

"火烧毕业证"的视频被传到网上后，立即在各大网站流传，跟帖论战随之而起，人人网还就此在网民中展开了讨论。在小郑的家乡吉林省，这一事件也引起诸多在校大学生的关注和反思，成为校园热点话题。

"看似疯狂之举，却是一种另类的行为艺术，反映了当代部分大学生的酸楚和无奈。"长春大学学生小关对小郑的行为表示理解，他说，"寒窗苦读 16 年才能拿到大学毕业证，按道理应倍加珍惜。但这年头，硕士博士满街走，本科生又算什么？读完大学却难以找到工作，这种心理压力和生活穷困是通常大学生难以承受的。"

吉林大学学生小郭认为："毕业证本来是大学学识能力达标的一个证明。但现在的情况是，一方面大学生工作难找，另一方面招聘单位抱怨招不到人才，形容现在的大学像速成班，高等教育质量滑坡，课程科目与社会需求脱节。扪心自问，有的大学生念书期间心态浮躁；有的人每天花大量时间上网泡吧、交友恋爱，4 年一晃过去，除了一张毕业证，真本事真功夫又有多少？大学生只有努力提高自身实力，才能在就业市场上谋得一席之地，与其怒烧毕业证，不如趁现在多努力。"

"实际上，对于我们专科生来说，毕业证没有太大意义，我们找工作凭的就是能力。"吉林工商学院学生小吕表示，毕业证是辛苦学习 10 多年后得到的认可证书，烧掉它是一个非常不理智的做法，何况，在当今竞争如此激烈的环境下，大学文凭早就不再是就业护身符，不能把工作指望全落在这张纸上，要想被社会认可和接受，关键在于提高自身能力。"

小郑火烧毕业证后，被个别网民尊为"2010 年史上最牛大学生"，称他"有个性"。对此，有人指出，这一特例是青年人理想、愿望长期得不到实现而产生的一种过激反应，冷静一段时间后自然会回归常态。

"一张燃烧的毕业证照亮了诸多现实问题，但反思过程中，不能把责任完全推给高校和社会。"专家认为，就业涉及个人能力和社会需求等问题，青年人要内外因结合看问题，从事件中吸取经验教训，鞭策自己发展，以适应将来的岗位需求。

"考霸"张非

"考霸"是一个新词，"考霸"主角张非也成了家喻户晓的名字。他多次参加高考，还曾为高考状元，一次考入北大，两次考入清华，故名"考霸"。但因沉迷网络，几年间先后从北大、清华退学。关于他的话题很多，演变出一个更为广泛的问题——退学。

张非简历：

2003年，张非在四川省广安市岳池一中就读，高考以606分被北京大学信息科学技术学院录取，2004年却因7门必修课不及格被退学。同年，张非在南充十一中复读。

2005年，张非再次以703分——南充市理科状元的身份被清华大学数理基础科学专业录取。可是一年后，张非再度因为没修满学分而被退学。

2007年，张非改名张空谷，在南充十中经过仅仅3个月的复读，以677分——南充市理科第二名的成绩再次考入清华大学环境工程专业。

据了解，虽然历年来大学生退学在高校中屡见不鲜，但关于退学的话题从未像这样热闹过。

又一个"考霸"

就读于某师范大学汉语言比较文学的小李（化名），也是一个退学的样本。

2002 年的时候，他以理科 652 分的高分考入了北京一所大学，读了两年后，在 2005 年 3 月份选择了退学，6 月份重新参加高考，以 583 分的成绩考入了现在的大学。

退学的原因，到底是不喜欢这个专业还是成绩跟不上？他自称"两者都有，然而假如成绩跟得上，也不会断然退学"。他说自己实在不喜欢之前所读的专业，他没有什么学习兴趣，成绩也没法好起来，每个学期及格的科目很少。"更重要的是，我觉得今后从事这个工作不是我想要的，会一辈子不开心。"

"我比较喜欢文科，因此第二次高考选择了文理兼收的比较文学，其实这也不是我最喜欢的专业，但至少我学得不错。"

进入师范大学的小李现在是班里的班长，拿的是一等奖学金，刚刚结束大二的他已经过了英语六级……他说，现在的心态不同了，经过前一次的经历，现在学习的目的是为自己，学自己想学的，虽然他还是不太喜欢现在大学的教学模式。

同样考的是理科，第一次考了 652 分，第二次只有 583 分，相差不少，万一考不上怎么办？

"很简单，那就先开始工作。"小李的退路很简单。

"没有文凭能找到工作吗？"

"实际上大学也就是一张文凭，在现在的我看来，实际上做什么都可以，只要用心做，就能做到最好。因此我现在念大学不光在课堂上上课，课余也学一点别的内容，暑假到社会上打打工，增加点阅历，我觉得死读书不行，否则就是走上了原来退学前的老路。"

虽然退学重考过，但小李并不赞成退学。他说，退学重读太浪费青春。"现在大学里很多学生都是混日子，在这种情况下，还要退学重读，实在太浪费时间了。"

你有厌学情绪吗?

请结合自己的实际情况,回答下列各题"是"或"否"。

1. 我认为学习一点也没有意思。

2. 我是被迫无奈才不得不学习的。

3. 我一学习就提不起精神。

4. 在现在社会里,学习一点用处都没有。

5. 我认为学习是件苦差事。

6. 到学校上学太痛苦了。

7. 我是为了父母才去学习。

8. 我对学习一点兴趣都没有。

9. 一上课,我就无精打采。

10. 上课时教师讲的内容我总是不完全理解。

11. 我常常抄袭同学的作业。

12. 就算是无事可做,我也不愿意学习。

13. 我认为自己不是读书的料。

14. 我背书包上学纯属在消磨时光。

15. 我上学常常迟到、早退。

16. 我与教师的关系不是很好。

17. 我上课注意力经常不集中,常常走神。

18. 我在学校里做一天和尚撞一天钟。

19. 我认为上学只是为了拿一张文凭。

20. 我最头痛的一件事就是考试。

21. 我盼望早点离开学校,以求得解脱。

22. 我对玩耍、上网等活动很感兴趣。

23. 我经常旷课。

24. 我一拿到书就感到头痛。

25. 讲堂上教师讲的课我根本听不懂，也不想弄懂。

26. 考试考好考坏我无所谓。

27. 我上课时常做一些与学习无关的事。

28. 我常为自己的前途担心。

评分标准：

每题选择"是"记 1 分，选择"否"记 0 分。然后将各题相加，得出总分。

测试结果：

0～10 分：轻度厌学情绪。

11～22 分：中度厌学情绪。

23～28 分：重度厌学情绪。

 厌学及其他问题

"12355"是一个公益服务台，该服务台的心理和社工专业志愿者曾经电话回访了 159 个网瘾求助案主。

据调查，90% 网瘾青少年对父母有敌视情绪，还有 90% 的家长反映孩子超级厌学。近 30% 的家长反映孩子还有行为偏差倾向，如聚众闹事、偷窃、赌博、伤害他人等，更有家属反映孩子有吸食毒品的行为。

以下是比较典型的案例。

案例 1：

广州市花都区的刘女士来电说：

"我儿子 12 岁，不爱读书，每天只想着上网，如果不让他上网，他就大发脾气，抡起拳头就想打人，我已经没办法教了，请热线帮帮我。"

热线志愿者了解到，刘女士的孩子才 12 岁，但是迷恋上网已经有好几年了，并且有愈演愈烈的趋势，以前家长阻止他上网，他只是生生闷气；

现在阻止他上网，他就抡起拳头要打人，并叫喊着长大后要拿刀砍死父母，然后就一个多月不和父母说话。

案例 2：

家住广州市海珠区燕子岗的王女士来电说：

"女儿今年 14 岁，很不听话，做事经常丢三落四的，有时候我们教育她，她还会凶我们。现在我们都不敢回家了，因为她向我们要东西没要到的话，她就会把家里闹得翻天覆地的，非常叛逆，我们夫妻都快被她逼死了，上课就到处走，好像完全失控的，老师都停过她很多次学了，我们都没脸见老师，她经常用粗口骂我们，我们现在应该怎么办啊！"

案例 3：

广东某地的林先生来电说：

"我表妹 14 岁，本来上初二，可她现在不上学，经常去逛夜街，学人抽烟，天天和别人去网吧、混酒吧，经常出去几天都不回家，回来当父母不存在，家人没办法教导她了。"

热线志愿者在了解到相关情况后，多次尝试联系林先生的表妹都没成功。林先生说现在不知道有没有相关的机构能管教像他表妹这样的孩子，如果有的话他们全家人都想把表妹送过去，家里人实在是管不了了。

厌学的原因

厌学之谜

每个家长都望子成龙，都尽心尽力给孩子创造条件，寄望孩子出类拔萃；每个教师都希望自己桃李满天下，希望自己的学生拥有闪亮的人生；每个学生都希望自己的人生精彩闪亮。

即使如此围绕学生，还是出现了层出不穷的问题：网络上瘾、厌学、抑郁、焦虑、强迫、品行障碍、环境不适、离家出走……这些问题不仅困扰着学生，还困扰着教师和家长。

学生痛苦，家长痛心，教师头痛。家长管不了，教师教不好，好学生做不了，这到底怎么啦！到底是什么原因导致了这样的情形呢？

厌学原因浅说

要想处理学生的厌学情绪问题，首先应了解学生厌学背后的原因。学生厌学的原因是五花八门、多种多样的，不同性格、不同家庭环境的学生厌学原因也不同。

从学生角度来看，心理上的原因主要有两个：动机和兴趣。有些学生学习基础差，努力之后成绩仍然不能提高，导致学习缺乏信心，进而厌学。部分学生受家庭影响。有些学生家境比较殷实，生活条件比较优越，衣食无忧，缺乏危机意识和责任意识，思想上奉行读书无用论，在学习上就表现为缺乏学习动力，厌学情绪较重；有些学生因为父母关系不够稳定或者是单亲家庭，在生活上和学习上缺乏关爱与督促，所以叛逆心理严重，旷课、逃学现象屡有发生。

还有一个重要的因素是学校和教师造成的：学生对某个教师所教的学科不感兴趣，或者是不喜欢某个教师，而教师没有及时做好心理辅导工作，进而引起学生产生厌倦心理、恐惧心理，无法进行正常的学习，完不成基本的学习任务，不久就被教师划入后进生的行列，于是就一直差了下去。

在目前情况下，大部分老师采用的是同步教学法，对学生的要求是"一刀切"、"同步走"的模式，大大忽视了学生的个性、主动性和差异，出现"优生吃不饱，差生吃不了"的情况。

而雪上加霜的是，学校片面追求升学率，只强调总分，各科一拥而上，忽视了学生的单科兴趣，而学生的单科兴趣往往是全面发展的发动机。另外，学校的各类活动只是围绕提高教学质量进行，单调枯燥，提不起学生的兴趣，所以学生宁愿在校外混，也不愿跨进学校大门。

另外，一些媒体报道和宣传了一些读书时成绩不好，然而仍能获得成功的"样板"，使学生觉得不学习也能成才，负面影响极大。

健康与疲劳

身体是革命的本钱，身体也是学习的本钱。健康对学习影响甚大，健康与疲劳有着相互影响的辩证关系。劳逸结合，保持健康的身心是顺利进行学习活动的基础。

健康的涵义包括身体健康和心理健康，前者主要指有无感官损伤或特殊缺陷，例如阅读困难或发音的特殊困难，也指健康变化；后者指情绪上的安宁及个人与社会的适应。因为一个人的需要在任何时候都不可能得到完全和永久的满足，因此任何人都没有完全完美的心理健康。不可能完全没有个人的、社会的情绪问题。处理这些问题或与之共处，是优化学业成绩的一个先决条件。因心理活动不健康也许会产生自卑感、不安全感、个人无价值感、敌对感、犯罪感等情绪。这些不良情绪将引起症状性行为，如成绩突然下降，对批评尤其敏感，忌妒心特重，搬弄是非，心境变化多端，常诉有病而检查无病，不能控制自己等。症状性行为源起于取得优良成绩的压力太大、非难太多、环境、溺爱等。老师要随时观察、分析，采取相应措施，预防、克服症状性行为，保证学生具有健康的心理。

在学习上，思维定势、脑力劳动左侧化、感官偏用、超过度学习，都是导致疲劳的经常性的原因。思维定势是人们思维沿着同一倾向活动，也就是按固定的思路去考虑问题，它会引起思维的惰性、呆板性。听说法的代换操练就容易导致学生的思维定势。脑力劳动的左侧化，指较长时期地不用大脑的右半球进行形象思维，满堂灌就是一例。感官偏用指过久地单听、单视、单写、单读。超过度学习指过度以后继续学习，也指不顾疲劳的"硬学"。以上四者都是能够避免的疲劳源。

不同的科目、时间、年龄产生疲劳的程度不同。按疲劳度安排学习内容和时间，也是避免或减少疲劳的办法。

1. 学科疲劳程度实验：疲劳程度最高的学科是数学，次高的是体育，中等的是语文和理化，最低的是音乐、绘画和制图。

2. 不同年龄每次学习的时间长度：3~5岁为25~30分钟，6~8岁为30~40分钟，9~12岁为40~50分钟，13~15岁为50~60分钟，15以上为60~90分钟。

课堂学习中减少疲劳、保持健康的方便方法，是根据前后课程性质、学生年龄及精神、上课时间及天气等实际情况，在45分钟里搞点短小的歌唱、游戏、自由会话、个人读写。其次，学习方式和练习都不要单一化，要利用多种感官去接受多种信息。特别不要误认为"抓紧45分钟"只是加强劳动强度。在20分钟时能够回想一下当堂所学材料，然后自由交谈或自学5分钟，再继续进行学习。

应试教育的弊端

应试教育在教育历史上发挥过重要作用，如今已经变成一个贬义词。应试教育是相对素质教育而言的，也称"升学教育"，强调"双基"（也就是基础知识和基本技能的教育）和能力与智力因素，这本无可厚非，问题在于片面教育。

通过近百年人类教育教学的实践证明，同步教学（班级授课制）所追求的教学内容是双基教育。双基教育单纯地重视向学生灌输知识和传授技能，而忽视学生的学习实践和能力的培养，忽视德育，忽视人的整体素质的提高，是一种有严重缺陷的片面教育。

1. 应试教育过于偏重智力，而忽视了德、体、美、劳；重视应考科目，忽视选修和免考科目。临近中考、高考，课程表上除了中考科目语、数、英、物、化、政、体外，其他科目全部取消，可谓极端。

2. 应试教育重视书本知识量，忽视学生个人综合素质、自我探究能力的开发。目前学生的知识水平是较丰富的，但往往缺乏创新和敢为天下先的精神。任重道远的是，目前进行的教育改革正是以往填鸭式造就的英才们领导的，面对今天的学生，他们真的准备好了吗？

3. 应试教育太重理论，忽视活动课程和社会实践课程；偏重简单"高效"的讲授法，忽视学生能动的发现法。应试教育不尊重人的存在，不能很好地调动学生主体的能动性。

4. 应试教育偏重"好生"，忽视大多数学生，尤其是后进生。学校教育成为严酷的，受到来自社会、家庭、学校三重压力的淘汰赛。英才三两人，牺牲一大片。要知基础教育（包括高、专、职及成人高中）是服务大多数的普通的普及式教育。培养少数人才，耽误较多人，反映了应试教育的功利性。

学习压力太大

父母们经常反映：我的孩子平时学习很刻苦，每晚主动完成作业，主动预习、复习功课，平时考试成绩在班上都是名列前茅，但一到大考，分数立刻下降，高考时甚至比模拟考试低了五六十分。这是为什么呢？

实际上这些都是由于生理、心理因素导致的考试压力大造成的，丢了不该丢的分。

除了考试紧张外，压力过大还会引起以下生理性疾病：

1. 失眠、睡眠质量不佳。大多数压力大的考生，在考前一段时间内都有失眠的经历，晚上睡眠不足，直接影响了第二天的状态，引起学习效率低下。

2. 急躁易怒。考生的心情变得极差，动不动就发火，做功课时粗心急躁，不能很好地完成学习任务。

3. 女生月经紊乱不调。调查显示，高考学生中有25%的女生因压力过大而引起月经紊乱，甚至暂时性闭经，使她们更加忧心忡忡，不能全心全意面对考试。

为什么学生会患厌学症，考试压力大？

1. 因贪玩而厌学，这类学生需要进行教育，引导他们进入正常学习轨道。

2. 因焦虑、紧张，精神不能集中而厌学，这类症状往往是因为左右耳前庭功能紊乱所造成的，需要进行理疗。

值得注意的是，上述两种现象不是孤立存在的，大多数厌学的学生同时具有这两种诱因。社会调查资料表明：80%以上的贪玩、成绩难以提高的学生，伴有左右耳前庭紊乱症状，以及学习焦虑现象。

人的眼、耳等感官都与大脑有着直接的联系——假如一个人带上了不合适的眼镜，大脑给他的反馈信息就是感到眩晕；假如一个人耳前庭功能

紊乱，他就会产生焦虑情绪。人的双耳跟神经系统有着密切的联系。耳前庭是内耳的组成部分，内可传递神经元，促进脑垂体分泌内啡肽，控制神经系统的神经条件反应和平衡；外受头部位置变动控制，维持身体平衡、协调、肌肉紧张度。正是因为耳前庭和神经系统的协调作用，我们才可以在空间中表达我们的身体，做出各种动作，说出想表达的语言，保持积极的情绪。耳前庭也是身体传达给肢体所有感官信息的重要中继站，耳前庭出现失衡就会影响人体神经系统和其他器官功能的发挥。

科学试验表明：假如发生耳前庭听觉失衡，就会刺激大脑中枢系统，影响脑垂体正常工作，使大脑产生焦虑感。在这种焦虑感的影响下，学生就很难集中精力进行学习，并产生抵触情绪，最终引起厌学症的发生。

同时，双耳前庭失衡造成的焦虑情绪会严重影响考生，无形中增大了考生的压力，造成考试状态不佳。

学校教育之痛

校园中没有良好的学习风气，课堂教学设置的不尽合理；学生在考试中屡屡失败，成绩无法提高，难以体现自己的优点和价值；老师单调枯燥的教学方法、不当的教育方法和管理手段；不和谐的师生关系等，都是造成学生厌学的因素。其中课程设置的不合理以及没有良好的学习风气是造成学生厌学的比较突出的因素。

教育之痛，人人都感同身受。其根本问题不在于我们老师的负担多大、学生的任务多重，而在于我们的教育的理念和教育行为之间已经没有办法黏合在一起，这种脱离的状态使得整个教育体系面临"两张皮"的困境：一边是热热闹闹的先进教育理念教育，一边是落后陈旧的教育教学方法和教育考核体系，两者在现实的教育教学中已经成为两个完全不同的体系，失去了交叉点。

在课程的教育理念中，要强调以学生为主体，关注学生的思维质量、学生的世界观和方法论、情感目标和可持续发展。

老师的角色要发生根本性的转变，不仅是知识的传授者，更是学生学习的促进者、课程的开发者和建设者；不仅是传统的教育者，还是新型教学关系的学习者、研究者、组织者。新课程还有个重要的目标就是强调减轻老师和学生的负担。评价上以"促进发展"为最终目的，淡化评价的甄别与选拔的功能，关注老师、学生在发展中的需要，突出评价的激励和调控功能，激发老师、学生的内在发展动力，促使其不断进步，实现自身价值。对老师评价的目标是建立促进老师职业道德与教育水平不断提高的评价体系，改变长期以来以学生的学习成绩作为老师评价唯一标准的做法，建立起多元的、有利于老师成长的新型老师评价标准。对学生评价的目标是建立评价学生全面发展的评价体系，不但关注学生的学业成绩，而且要发现和发展学生多方面的潜能，帮助学生认识自我，建立自信，不断在原有水平上获得发展。

课堂教学中的问题

反思当前中国教育的课堂教学，存在的主要问题有：

1. 教学不能以人为本

教育的内涵是对人的理解，而人的本义是一种生命运动形式，所以教育使命的确立应建立在对人完整意义理解基础之上，是包括认知、情感、运动三位一体的教育。而我们目前的课堂教学却无视人的存在，把这一复杂的任务进行简化处理，三维成了一维，教学目标缩合为单一的认知目标，对其他教学目标往往不加重视，甚至漠然视之，或根本无所知之。

2. 师生主客异位

"把课堂还给学生"已经呼唤很长时间了，但这个问题仍然没有得到有效解决。我们的老师有个特点，太爱讲，太迷信自己的讲。出现这种现象也许有三种原因：①不相信学生，总喜欢把自己领会理解的东西去告诉学生，总觉得学生是领会不出来的；②本应由学生完成的，总是老师自己去讲，追求的是学生"知道"、"记住"；③为了更好地控制课堂教学，让学生围着自己转，尤其是一些所谓的公开课、优质课。无论是哪一种，学生要么是认真的听众观众，要么是被老师支配的活的木偶。本应作为课堂教学主体的学生完全成了帮助老师完成"教学任务"的配角，与课堂教学的本来目的相去甚远。

3. 学习与现实脱节

教学从经济学角度来说，相对于生活中的言传身教，具有集约性、高效性、经济性的特征，也就是用最少的时间获得最多的知识，这种观点一直以来也是我们津津乐道的学校教育的优点。但从教育是要塑造完美人格这一点来说，却未必必须是经济的，有时可能会适得其反。我们的课堂教学情境是老师精心设计的，按部就班。老师之所以喜爱这种模式，或者是担心把学生引入"理解的误区"，或者是害怕自己不能掌控而出现"难堪"局面。这种学习情境的人造性，很难培养学生的能力，学生将来也很难胜任真实的工作，出现知识学习与能力高低不成比例的结果自然是情理之中的事情。

4. 老师与学生无法合作学习

我们的课堂教学基本上还是原来的"自我学习"，老师在上面讲，学生在下面听；老师在上面问，学生在下面答。老师与学生、学生与学生之间没有思维的对话、灵魂的碰撞、情感的交融。而有效的合作学习一方面可以培养学生的合作精神与竞争意识，另一方面可以弥补一个老师面对众多学生个体差异时的不足，有助于因材施教，教学相长。

5. 情感缺失

情感缺失也是目前我们课堂教学比较严重的问题。课堂气氛呆板、沉闷，每天的教学过程都是一样，学生为了考试与升学不得不硬着头皮去听去记，这使得一部分学生每天懒洋洋地上学，筋疲力尽地回家。获得未知的东西本来是如饥似渴的事情，现在反而是一种负担，而不像儿童时期那样问这问那。

教学过程假如理解为一种活动的话，活动的主体之间及主体与客体之间不仅包括认知信息的流动，也包括情感信息的流动。但是，在教学实践中，有许多老师只注重知识性信息交流，而忽视师生之间及师生与教学内容之间的情感交流，不注意发挥情感在教学中的重要作用，以致课堂沉闷，学生是心力交瘁硬着头皮去听，教学效果可想而知！

"拖堂"使人疲倦

"拖堂"现象在很多学校普遍存在。更令人吃惊的是，一些颇具规模和级别的公开课、示范课上，老师"拖堂"也屡见不鲜。"拖堂"危害极大。令人遗憾的是，时至今日，这一现象仍然存在。下面讲讲拖堂的危害。

1. 学生普遍不满。据调查十之八九的学生对此牢骚满腹。本来课间才10分钟，哪位教师把讲课时间往后那么一"延"，另一位再向前那么一"伸"，两头这么一夹，还能留给学生多少时间？有时学生连上厕所的空都没有了，更不用说休息休息，活动活动，为下节课做准备了，搞得学生很被动，很忙乱。实际上学生很烦拖堂，多数是敢怒不敢言。因受注意规律的支配，拖堂的这段时间内，实际上是说者有意，听者无心，教学效果可想而知。

一份学生评价老师的调查表显示，在"你最喜欢什么样的教师"、"你最不喜欢什么样的教师"问号后面，一半以上学生填写的竟是"不拖堂的教师"和"拖堂的教师"。

说实话，学生所不喜欢的拖堂教师，大多是责任心极强的教师，其中有的还是优秀老师。拖堂的教师实际上是很辛苦的。一天要讲几堂课，每节课讲了几十分钟，口干舌燥，腰酸背痛，两腿发麻；而下课铃响后，仍然要坚持再讲几分钟。可一番辛苦换来的却是学生的抱怨，这又何苦呢？

拖堂教师是否想到，学生一天那么多的课，课间只有10来分钟，哪个学生不想抓住这短暂的机会，看看蓝天，看看绿树，呼吸一下新鲜空气，

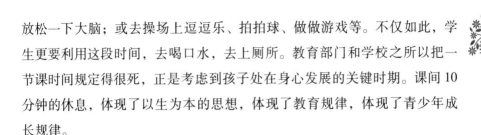

放松一下大脑；或去操场上逗逗乐、拍拍球、做做游戏等。不仅如此，学生更要利用这段时间，去喝口水，去上厕所。教育部门和学校之所以把一节课时间规定得很死，正是考虑到孩子处在身心发展的关键时期。课间10分钟的休息，体现了以生为本的思想，体现了教育规律，体现了青少年成长规律。

2. 影响其他老师上课。有时下课了，某老师还在讲台上侃侃而谈，直拖到有事想到班里去的教师或下一节课的教师面露愠色地恭候在教室门口了，其场面之尴尬不言而喻。老师之间为此闹矛盾和意见的也不在少数。

3. 有损师表和校风。孔子说，"其身正，不令而行；其身不正，虽令不行"，要求学生有时间观念，可教师在工作中上课拖堂，那只能使学生的行为与老师的教育背道而驰，养成不良习惯，形成怠惰风气。

4. 学习方面：①下课铃响后，别的班级的同学追逐打闹的嬉笑声、喧哗声令人心烦，学生们没有心思继续听下去，有时强迫自己听讲，效果也很差。②"拖堂"后遇到没搞懂的问题，在上下堂课时也不定心或耳边还回响着上堂课教师所讲内容。③"拖堂"时间里，教师讲得快，所授内容不能很好地理解，往往是草草了事，使学生们学习中的问题越来越多。④学生来不及做下节课的准备工作。

5. 情感方面：①学生们对经常"拖堂"的教师，上他的课时总好像有一种负担，有时甚至讨厌这门学科。②"拖堂"后，学生总是认为课间时间没休息到，心里有一丝不快，甚至对"拖堂"教师产生反感情绪。③同情"拖堂"教师，更能理解"拖堂"教师的苦心，但同时又不愿意教师"拖堂"。

6. 生理方面：①连续的听讲、持久的学习，学生们早就盼望能利用下课时间调节大脑。下课铃声一响，就有一种自然的放松感，听课的注意力很难集中。②坐的时间长了就有一种浑浑噩噩的感觉，或有点按捺不住想出去运动运动，调节一下心态。③有时想上厕所，因"拖堂"而非常尴尬。④连续上课，使眼脑等发胀、疲倦。

7. 其他方面：值日生在快要上课时才能擦黑板，其粉笔灰尘污染了教

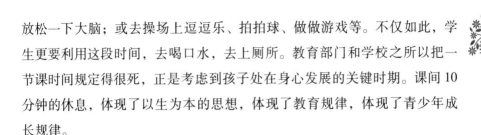

室内的空气，也影响了其他任课老师的上课情绪。

"满堂灌"要慎重

某市中小学课堂教学 2004 年开始实行新的课堂评价标准，新的评价标准里首次增加了讲堂气氛、学科特点等评价项目。上课使用"满堂灌"方式授课的老师，还将被"亮黄牌"以示警告，"我讲你听，我教你学"这种"满堂灌"式的教学模式将在某市绝迹。

毋庸赘言，"满堂灌"的确引起了教学效果的"少慢差费"（叶圣陶语），在学校教育中，它已成为很多需要抛弃的教学方式、方法的代名词。然而，作为传统的教学方法之一，"我讲你听，我教你学"的"满堂灌"式教学法是否真的毫无是处了呢？真的到了"老鼠过街，人人喊打"的地步，非得让其"在课堂上绝迹"了吗？

翻开中国历史所看到的传统教育所创造的辉煌，以及国外很多地方都在学习、参照中国基础教育的事实，都证明了传统教学法的合理性。课堂教学是一种讲效益、有目的的活动，作为知识的传授和信息的交流，以讲授法为代表的传统教学法仍然不失为最符合效率原则的方法之一。教学有法而无定法，教育要改革，要创新，但并不等于要全盘否定传统教学方式，很多新课程课堂上常用的合作讨论、探究等教学方式，效果自然不错，但并不是所有知识都有必要并适合去探究的，如一些专题知识、人物背景、知识间严密的逻辑推演等，离开了讲授法，让学生独立去自主建构，有时就很难完成教学任务。课堂上"以学生为主体"是课改的方向，但所有的问题都让学生之间相互处理，显然是不现实的。

一位校长在一次经验交流会上颇为自得地说："我要求每位老师每节课讲解的时间不超过七分钟。"这种提法显而易见是极不科学的——老师面对的不是一台台可以机械操作的机器，而是一个个智力、年龄、兴趣和爱好各不相同的活生生的人。课堂教学是让学生掌握基础知识和形成能力的过

有了厌学情绪怎么办

程，会出现这样那样的问题，硬性规定每节课只能讲解多少时间，不过是给老师套上沉重的枷锁。事实上，一节课是讲还是不讲、讲多少时间，应该依据课堂教学内容以及学生的反应情况而定，决不能搞"一刀切"。

如此看来，"讲"并不是使学生丧失学习兴趣、动力的罪魁祸首，必要的知识讲述绝非可有可无，"我讲你听，我教你学"无关是非，关键在于老师授课的水平和艺术，此外还要注意把握好度，切不可过头，否则就成"满堂灌"了。老师只有在课堂上创设一种民主平等、生动活泼、情趣横生的课堂教学氛围，学生才能以课堂主人的姿态出现，传统教学法也就能焕发出新的生机。

教育体制的问题

人之所以为人，之所以被称为"万物之灵"，之所以能够在地球上处于统治地位，是因为人类善于发明并利用工具，即我们的祖先所说的"善假于物"。

因此我们的教育是不是应该把更多的精力放在如何教育学生利用资源上呢？机器可以做的储存和计算的事情，为什么还要学生辛苦去记去背呢？

有一篇文章，是一个物理学家的妻子写的。尽管她的丈夫在学术上取得了许多了不起的成绩，让许多人仰慕，但他的生活自理能力却非常差，根本就不懂得放松自己和享受生活。然而想想历史上那些伟大的科学家，他们许多都是懂得生活的。

例如爱因斯坦，他是一个奇才，一个伟大的物理学家。然而他的生活并非全部都是物理。他酷爱艺术，特别是音乐，小提琴还拉得很好。人活着是为了什么？仅仅是荣誉吗？不是的！每个人都有责任快活地生活着，为了自己，为了家人和朋友。

体制中的具体问题

1. 课堂上教师可以随便说话，学生却要举手申请发言权限才能够对教师进行提问和回答，强化了纪律，却忽略了学生的个性和自由。

2. 学习科目多，作业量很大，老师无法令学生爱上学习，却能让学生对学习产生厌烦。

3. 多方面限制学生的自由。在社会主义市场经济蓬勃发展的今天，用从前的经济观念要求学生。

4. 考试太多、学生压力过大，社会上所需要的，并不是一纸文凭和儒雅的学生作风，即便是有再高的学历和再多的知识，面对社会的惊涛骇浪，只能在社会生活中处于劣势。

5. 学校不考虑学生的利益，常以自己的利益为第一利益，学生必须服从学校。在学生和学校之间，学生本身应定位为消费者，而学校作为服务方，必须以学生的利益为第一位。实际上，有多少学校能让学生满意呢？

6. 教育过于僵化，通过一味填鸭式的传统学习方法，令学子们苦不堪言。学习，已经不再是满足学生求知欲的一个合理的途径，而是令学生感到压力重重的一个包袱。不给学生减压，是很难改善厌学情绪的。

7. 纪律是关乎社会稳定的一种规范和规章制度，是以符合大多数人的利益而定的，并不是某个学校领导或者老师，为了自己管理方便而漠视学生感受然后定的。学生在走廊里不许说话，在讲堂上保持安静……这样的环境和规章制度实在有点沉闷。

8. 乱收费问题。这个问题是最敏感也是广大学生和家长最关心的问题。有些学校用分数来为自己提高档次，用分数线来向学生收取钱财，动辄几千几万的所谓"借读费"实在令人不满。

9. 补习班的问题。补习班的存在令广大家长头痛不已，某些老师为了在工资之外赚些外快，甚至上课的时候不把知识全部讲完，待到补习班再

——点明知识要点。

10. 早恋、性教育的问题。这是目前比较敏感的话题，然而越是敏感，大家就越不敢提出。因为学生在青春期的年龄，都是在读书，因此校内的性问题，成为了学校教育的重大责任，有些学生直到结婚都不清楚男女之事到底是怎么回事，有些学生因为接触了不正确的性教育走上歧途。一味地隐瞒压制，是不能让学生明白真理的。

所谓"师者，传道授业解惑也"，在花季的学生最困惑的时候，最需要老师的教育和指导，这样的教育，才能让这些尚且懵懂的学生走上正途，成为一个生理和心理完全健康向上的人。

11. 叫家长。学生一旦犯了什么过错，就要叫家长，把责任一把推到家长这里。的确，在教育上，家长的确要比教师方便许多，然而，许多老师似乎把叫家长当成威胁学生的"杀手锏"了。

家庭教育的原因

家庭环境的负面影响，家庭的破裂、离异，家长对学生的教育缺乏积极性与重视，家长教育方式太过严厉粗暴，家长对学生过高的期望与学生实际能力之间的过大差距等，都是学生滋生厌学情绪的家庭原因。其中，教育方式的严厉和不切实际的期望往往容易使学生滋生厌学情绪。

对于家庭教育的问题，教育家马卡连柯说过一段经典的话："一切都给学生，牺牲一切，甚至牺牲自己的幸福，这是父母给学生的最可怕的礼物。"

幼年教育和成人教育的差异是巨大的。

从古至今，中国人从来不缺乏智慧，但我们对于创新能力、应变能力和竞争能力的缺乏，却是毫无疑问的。父母是学生的第一任教师，但假如我们的教师从小就遭受着一种心灵施暴的教育方式，而陈旧的理念并没有随着社会的发展而更新，等到教育的重大责任再次落到他们身上时，我们所享受的待遇将是多么可怕呀！

早期教育的原则：能力胜于智力。

因为独生子女占很大比例，家庭教育的一个重要特点是情感因素压倒了理智因素。

一个独生子女受到4位祖辈和两位父母的钟爱与呵护，学生处在核心地位，被过多过满的爱包围着。他们很容易发展为"只知受爱，不知爱人"，"生理发展超前，心理成熟滞后"，"消费超前，道德滞后"，"依赖性太强，能力太弱"等人格上严重欠缺的人。

我们的学生，在学校教师的培养下，没有完全建立起独立的人格和能力。这不是父母的错误，而是中国家庭教育的悲哀。

千般恩爱，集于一身。家长望子（女）成龙心切，但又无法掌握教子（女）成才的规律和方法。

这个问题大概不能全怪家长，因为许多家长还在为生存奔波。但有一点可以肯定，就是今天他们觉得当官好，就对学生说好好学习，争取以后做大官；明天他们假如觉得写书赚钱，就会买来一堆文学作品，让学生发奋读书；后天"超女"很热，就赶集般地把学生送交特长班、艺术学校……

当然，家长自身的素质也大不相同，相应的做法也会不同程度地出现差别。即使如此，家庭教育对学生未来教育模式和教育方向缺乏远景性和阶段性，或者有了针对性没了方向性等顾此失彼、朝令夕改的行为方式，是不用怀疑的。

甚至，这个现象有两个极端：一是家长完全奴役学生，也就是家长的话一言九鼎，让学生往东学生不敢向西。二是家长对学生不闻不问，完全让学生"野生生长"。他们从来不对学生说向东或向西，因此学生可以随便打狗或撵鸡，许多家庭都是如此。但不管如何，对家庭教育的完全漠视或过分重视，带来的后果都是不尽如人意的。

除了溺爱，严格的中国父母们对学生情感等非智力因素的忽视，也成为相当可怕的教育误区。在这方面，许多父母按照他们的思维方式，严重扼杀幼小学生的心理、情感、意志和兴趣等非智力因素，从三四岁甚至更早，父母们便开始命令学生们学汉字、念唐诗、背宋词、练算术，而不去顾及学生爱玩的天性。一味地学死知识，一味地命令式教育，将学生的自尊心、自信心、坚持性和创新能力等非智力因素抛之脑后。

此外，有些家长的教育意识虽然增强，但因为时间、精力不够，只能在生活方面给予近乎泛滥的物质支持，以此表达自己的爱与关心。

最后，社会影响因素繁多而复杂，家庭教育的控制力大大减低，尤其是性教育方面，成为学生顺利成长的绊脚石。

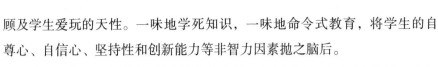

家长的虚荣心作祟

教育有问题，这是许多人感同身受的，这背后不仅仅是体制上的问题，同时也与我们的传统观念有很大的关系。概括起来，主要有两个问题：一是学生没有明确而正确的学习动机和动力，这主要是观念问题所导致的。二是教育不够人性化，力图把人脑打造成电脑，这就是体制所引起的。

学生从小就被强迫着去学习许多东西，其中的大部分是不知道为什么要学习、不知道学了有什么用的。如果有的话，只是努力地盲目地学，仅仅是为了考出个好成绩，以得到父母和教师的表扬，还有同学的羡慕。

就这样，慢慢地在学生的意识中就形成了这样一种错误的学习意识——为了考试而学习，为了虚荣而努力。最后就直接引起学生动手和实践能力的下降。

父母许多时候是虚荣心作祟，望子成龙，望女成凤，使得他们对自己的孩子要求非常苛刻。过度的强求而不是理智的引导，给自己的孩子造成了巨大的压力。

物极必反。"可怜天下父母心"，有时候是赞美，有时候却是讽刺。是谁把父母弄得那么疲惫？是子女不听话，是子女不争气？可能是的。然而又是什么使他们不听话，不专心学习呢？是家长自己啊！

曾经有那么一个学生，小学时期是跟着一群小混混度过的，打架、逃课、捣乱等，基本上都做过了，结果连小学毕业考试都没有参加。

初中的时候，刚开始他还是老样子，但相比小学时候听话多了，已经不跟那些小混混在一起了。到了初二，他意识到读书的重要，并专心读书。到了初三，他成为学校里面的尖子生，而且成为大家学习的榜样。

他的伯父很开心，到处宣传表扬他，大会小会都提到他，叫那些成绩不太好的学生向他学习！但是中考的时候，他却与重点高中无缘，只进入一所普通高中的普通班。失落和沮丧难以言喻！然而他还是克服了这些情绪。通过努力，再次进入了尖子班，到了高三他又一次感受到成为榜样的快乐。最后他顺利地挤过独木桥，跨进大学的校门，真可谓不幸中的万幸儿！

对此，他感慨良多：

"我感谢自己，更加感谢我的家人，特别是我的父母！感谢他们的宽容，感谢他们的开明，感谢他们的支持，感谢他们教给我做人的道理！

"今年寒假的时候，没有什么事情做，就练习毛笔字和钢笔字，还写写文章。母亲看见我那么卖力，露出了满意的笑容，说，如果小学时候如此用功，现在就不用那么辛苦了！

"我只是微微一笑，什么也没有说。因为我并不后悔。那时候我没有用心学习，是因为我并不知道读书有什么用，也厌烦经常听到大人们的唠叨。那个年龄的学生，哪里有能力思考那么远的事情啊。那个年纪我们唯一知道的就是我们喜欢什么。而我们所喜欢的却不幸被大人看作无聊没用。就这样，我们追求兴趣的权利被剥夺了，转而被强迫去做父母觉得好的事。不错，大人们觉得有用的东西，对于我们长大以后真的很有用。假如我们能够用心学，我们以后必然可以少吃许多苦头！然而父母们，你们也应该知道我们还是学生啊！我们还不应该这么快就拥有老人们的思想！多给我们一点自由吧，让我们在长大以后再回忆自己的童年的时候感觉童年是多彩的而不是灰色的！"

不利学生情绪培养的家长

　　家教对学生的影响很大，父母要为孩子创设一个宽松的家庭环境，不要对子女唠叨个没完。父母对子女学习状态的估计要客观，期望要合理。父母要正确指导学生的学习，帮助其树立远大理想，塑造自身的人身价值，教会其如何自我心理调适、承受挫折、培养自控能力等；接受优秀家长的言传身教并重的方式，认识到一味溺爱、打骂、体罚、放纵等教育方式的危害性；多与学校配合，帮助学生消除厌学心理。以下是四类不利于学生情绪培养的家长。

　　1. 物质至上的家长

　　这类家长只顾满足子女的物质需要，不关心子女的切身感受。有的家长说，这段时间他们不敢拒绝子女，子女要什么就买什么，要吃什么就做什么。可是，他们又常常不注意说话方式，有时会跟子女说："你要是考不好，别怪我们，那是你的事。"家长这话表面上是说给学生听的，实际上是家长自己安慰自己。

　　2. 控制学生的家长

　　这类家长爱包办一切，他们希望学生把所有时间都用在学习上，不能有片刻放松。一位妈妈说，她的孩子进了家门，把书包放下，聊几句当天校园的生活与学习情况，父亲就大喊着要学生去学习。

　　这位父亲就属于包办一切的控制型家长，子女必须按他的要求时刻把心放在学习上，每分钟都要用在学习上，一切作息以学习为目标。这位父亲的控制行为遭到学生的强烈反抗，孩子哭着愤怒地和父亲争吵，然后一眼书也没看，在哭泣中睡着了，父亲则气得浑身发抖。

　　家长再有阅历，再有水平，也不能代替孩子去参加高考。每个家长都希望学生在高考中能考个好成绩，并且每个家长都很爱自己的孩子，但当家长的行为和爱孩子的初衷背道而驰时，就很难给孩子创设一个好的学习环境。高考也是，奉劝家长别把自己的意愿强加给孩子。家长要对孩子有一个正确的认识和评价，充分尊重孩子的意见，相信孩子有足够的能力安排好属于他们自己的高考。

3. 面子第一的家长

这类家长对孩子的个性和自由持否定与排斥的态度。有一位父亲，自己是一位出色的领导，当孩子的"一模"成绩只够三本线、与他的期望有很大偏差时，他生气地说："我怎么有你这样的窝囊废儿子！"儿子眼泪哗哗地流下来。家长这样做会让孩子丧失信心。

4. 陀螺转不停的家长

这类家长自身情绪不稳定，反应过敏，经常随着子女的变化而变化。不管子女回家和家长说什么事情，家长马上随着话题像"陀螺"一样旋转。有个考生告诉家长，说他的成绩忽上忽下，担心高考时发挥不稳。家长马上着急起来，万一高考赶上孩子发挥最差时候怎么办？妈妈眼泪汪汪，好像孩子真的已经考砸了，这更加剧了孩子紧张情绪。

"过度保护"惹的祸

在某市妇联的办公大楼，这里的心理咨询热线经常被家长打爆了。家长大多反映，家里的小朋友最近有很大问题，经常哭着闹着不肯返学，究竟为什么呢？

专家表示，"开学恐惧症"固然跟假期漫长、学生生活懒散无规律有关，但家长的"过度保护"也是重要原因。

例如家长王先生表示：孩子对他妈妈尤其依恋，我们准备送他去幼儿园的时候，他说"我不去幼儿园，幼儿园老师会打我"，也许是他妈妈或外婆这样跟他说的。

"过度保护"会引起什么后果呢？除了削弱学生的自立能力之外，也能引起他们严重逆反。

欣欣上幼儿园前由外婆带，动手能力较差，动作比较慢，依赖性很强。父母因为工作忙，对孩子照顾得较少。她在幼儿园表现得很不愿意学习，经常开小差。欣欣上课总不能集中精神，她从来不主动发言，当教师提问时，她就低着头不说话，甚至流泪或发脾气。根据医院的检测，学生智力没有问题，因为感情失调，使欣欣的学习注意力不能集中，而学习差令她越发失去学习的兴趣。当别人学习的时候，欣欣最喜欢玩弄自己衣服的纽扣、花边等，显得很开心。有时见她眼睛看着教师，但眼神空洞，像在神游。她做手工的速度很慢，做得不像，很容易发脾气。

专家分析：孩子是因为受到过度保护，造成了能力低下，不但行动能力差，脑子也"锈"住了。能力差就会遭到小伙伴嘲笑、教师的批评，于是就自卑、退缩，什么事能躲就躲，能不干就不干，这样下去，各方面能力就无法得到长足的发展。这绝不是单纯的拒绝学习问题，而是生存能力差、社会化水平低。

专家建议：处理这个孩子的问题，最重要的是父母要"懒"一点，凡是孩子自己能做的事，即使她做不好，也要让她自己做，父母可以指导，万不可包办代替。要能做到忍着不插手，孩子求你帮忙也不要管。孩子做任何一件事情，总要集中一点注意力，做成了一件事情，总能增加一分自信心，就这样慢慢积累，时间长了，自信、注意力、能力问题都可以得到改观，这是真正切实的教育。父母假如做不到这一点，就不要怪孩子了，因为这是父母的问题。隔辈人护孩子心切，不得已的时候，最好请外婆不要过问孩子的教育问题。

社会环境的原因

总的来说，今天的社会环境对学生个性发展是好的，我们的社会比以往任何时候更有利于学生的个性发展。

这是一个飞速发展的时代，是一个信息多元化的时代。

许多传统的东西在发展中必然会受到冲击，被质疑、被颠覆、被抛弃，甚至会被新事物所取代，这是社会历史发展的必然，没什么可大惊小怪的。推陈出新没有什么不好的。

传统观念必须跟得上时代的发展。也就是说，不是环境不利于学生个性发展，而是家长、教师不适应今天的教育环境。简言之，教育理念跟学生的成长环境不相匹配。

举个例子来说，这是一个信息技术飞速发展的时代，信息技术带来了一场革命性的变化，运用计算机成为生活中司空见惯的事情。但是，如果让学生放下手中的计算器，去使用盘珠算；如果让学生不要上网，中规中矩去读线装书……这样的教育还有没有生命力？

另一个方面，不管是社会、家庭，还是学校，任何回避问题的态度都是不明智的。把社会问题如实地告诉学生没有什么不妥的。

文化发展的影响

学生对世界的认识和心理状况的变化，来自于三个方面的信息沉积。这三个方面是：家庭、学校和社会。

但就目前而言，作为基础教育的中小学校，其教师素质、学校设备、教材资源是制约学生资源开发、转化的"瓶颈"因素。

从高考分数录取线来看，师范类院（学）校的招生分数不怎么高，吸引不了优秀的学生，从而引起了老师资源的优势度不够，其恶性循环的结果是使普通学校的师资力量的提高难度加大。再加上社会一些因素的作用，如老师提升的机会少、工资偏低、配偶失业等，都将使这个"瓶颈"越来越小、越来越窄、越来越难走。

整个社会对学校的评价和认可，是以考上重点中学、大学的人数的比例来作为唯一的评判标准，而不考虑学生在学校受到多大的启迪、多大的影响和进入社会后有多强的生存、应变能力来衡量。

因为这种不正常的社会心理影响，所以考上重点中学、重点大学的就是好学生，考上清华、北大者被视为天之骄子，前途无量、受人尊重，是社会公认的优质资源。但没有考上大学的学生就不是国家的资源？试想一下坐轿子的事情：每个人都喜欢坐轿子而不愿意抬轿子，但假如都去抬轿子或都去坐轿子，其结果会是怎样呢？这是我们需要思考的问题。

在信息化时代的今天，网络、电视、电影、杂志等为了各自的经济目的，不分昼夜地传递着庞杂的信息。其常以成人化的娱乐性和学习性相结合，以自由化的传播方式展示在学生的面前。

因为学生对信息的识别与把握的能力有限，受媒体的影响而表现得更加复杂，因而对情爱、性爱、伦理、道德、职业、未来等均有借鉴性、幻想性、排他性和模糊性。

根据有关调查得知：学生"对于目前在学校学习"，自己想学的占56%（男女比例各半），家长要我学的占3%，讨厌这样学习的占9%（其中男生占74%、女生占26%），对学习无所谓的占17%（男女比例各半）。

因此，受社会环境的直接或间接影响，学生心理的脆弱性、盲目性、局限性和不稳定性均表现无遗，让学生对自己的未来提出了疑惑、感到了迷茫。这是一种非常危险的心理现象。

目前，用自己的思想来"强迫"他人的现象实在太多。比如，在家长、在学校的视野里，大人常把学生当成个人欲望的"翻版"，或是个人目的的表现实施对象，将其视为自己的"私有财产"，把学校间的对比、同事间的攀比、社会各界的压力和自己本身的失落都牵连或波及到学生身上。

"一人上重点，全家（校）都光荣！"这种口号、这种现象实在普遍。社会给学生的不是相对"自由的空间，真诚的环境"，而是以"己（个人或集体）、欲（希望或意图）、定（计划或目标）、限（规定或制裁）、比（对照或炫耀）"的形式，以压制、强迫的手段来实现个人意图。这样的现象和环境，又怎么会把学生当成一个自主的个体呢？

因为市场经济的影响，社会物质、精神生活日趋提升和改变，再加多种形式的文化生活，致使有部分家庭离解、重组，结果引起学生的心境、

心理发生剧烈的变化。

据调查，少年犯中 85% 的来自于单亲家庭和重组家庭，他们消耗时间的地方 70% 是网吧。学生"5 + 2 = 0"（五天在学校的教育不管多么丰富、多么向上，一旦加上两天的星期六、星期日休息，学生因无约束地进入社会环境，其前五天的教育结果变为 0）的现象时有出现。学生对事物认识与判断，会受到周围环境的影响。所以，社会环境对学生就具有很强的可塑性和诱导性。

人际环境的原因

许多家长总是单方面认为网络毒害了学生，特别是网络游戏，许多学校还一度劝诫学生不要上网。然而学者们的研究结论表明：网络上瘾只是表象，它的背后是学生们深层次的心理问题。

"网络上瘾问题在中国是一个畸形的问题，它是中国许多复杂问题的一个综合反映。"这个问题的关键还在教育。我们的教育必须要跟上时代的步伐不断改变，否则青少年是受不了的，我们的民族是要为此付出代价的。

造成网络上瘾的最核心原因就是学校的评价体系单一。我们的中小学，最核心的评价体系就是成绩。

再一个原因，专家认为是成长中参照系的缺失。现在的小孩，在学校就是上课，放了学就由家长接回家了，也没有和小伙伴在一起玩的时间。在学校就是课间的 10 分钟，但在网络上，他突然发现有那么多朋友，就转向网络。

学校的课程设置也有问题。我们现在学校教育的课程是按照女学生的成长规律设置的，强调记忆，强调重复，男学生喜欢的竞争性强的、野性的东西都没有。在中国，网络上瘾主要是由网络游戏导致的，和这个原因有很大的关系。游戏大部分是打怪、升级，提供了这种竞争性的、貌似野性的东西，这对男学生非常有吸引力。相反，女学生成瘾的比较少，就是因为女学生一般对这些不感兴趣。

然而，中国的青少年都是在这样的环境中长大的，也并不是所有人都上网成瘾，这就有个体的问题和环境的问题。

家庭不健全是上网成瘾的主导因素。首先，网络上瘾少年的父母双方，一般至少有一位是有些神经质的完美主义者。这类父母对学生长期指责、批评，打击了学生的自信心。这样，学生一旦出现什么差错，转而向网络寻求安慰。

其次，网络上瘾的学生绝大多数父亲功能缺失，父亲在学生的成长过程中所起的作用非常小，未能表现父爱威严、强大、安全感的一面。许多父亲忙于工作，没有时间和学生在一起。父亲对小孩控制力的形成有非常大的作用，一旦父亲功能缺失，学生的自控力就出问题。

教育是一个人健康成长的关键和基石，是一个复杂而系统的工程。一份完整的综合的健全的教育应该由家庭、学校和社会三部分共同组成。随着学生的出生和成长，教育的矛盾性、片面性和扼杀性已经不容忽视地摆在我们面前。

面对矛盾，假如没有适当的处理方法，那么结果只有一种，就是矛盾的一方——学生妥协。学生选择上网、逃课、厌学，甚至包括恋爱，都是一种无声的抗争——融合了理智和冲动的极端路线。

这种两极分化正在愈演愈烈，一方面学生迅速成长，新环境和新朋友等人际关系不断确立和稳定，而另一方面是家长对学生的陌生、越来越不理解，经常不见面，见面后又只是不冷不淡地说几句客套话而已。最终，学生成为家长们最熟悉的陌生人，熟悉的，是学生的过去；陌生的，是学生的精神和未来。

个性与同伴的作用

心理学研究证实，良好的个性与情绪状态有助于学生更好地思考和处理问题。

有厌学行为的学生往往存在焦虑、敏感、抑郁等心理状态，这些状态常常会影响思维的速度和准确性，使学生难以发挥自身的正常水平，降低学习的效率，引起上课、做作业和考试缺乏积极的思维。

如果再加上原有的知识基础不牢，身体状况不好，学习习惯不良，性格缺陷，受挫能力差，缺乏自信，缺乏学习的动力与恒心等，就很容易引起学习落后。

同时，厌学具有弥散性、"传染"性。经常交往的伙伴假如都有厌学情绪，将会对学生产生不良的影响。他们错误的观点、不良的心理反应和人际关系等，传染周边同学，极易污染班级的学习气氛，助长学生厌学的风气，给学生的负面影响是非常大的。

青春期早恋

学生自身缺乏学习理想和信念，周围环境中充斥"学习无用论"，就算父母对他有期望，但其自身并未有任何方面的压力和动力。同时，早恋是学生很容易找到的感兴趣的"好东西"，从而使学生偏离学习轨道。

早恋，是指生活不能自立而又比法定结婚年龄小许多的青少年过早恋爱的行为。这是一个尚有争议的概念。中国大多数教育工作者认为，中小学生中出现恋爱是不符合其年龄特征的过早行为，应该加以制止。

早恋行为的特点可概括为：蒙昽性、单纯性、差异性和不稳定性四个方面。由于青少年常常盲目地模仿成人的恋爱，而不能分清友谊与爱情的本质区别，所以，大多数中学生认为"早恋无害"，只是寄托一种感情，不以结婚为目的。近年来国外大量出现的婚前性行为、少女怀孕和少女妈妈的现象，是我们提出早恋问题的根本原因。早恋产生的根源，主要与社会传闻和大众传媒对性自由倾向的宣扬造成的误导，家庭和学校缺乏正确的性教育，以及青春期提前等有关。性生理的发育引起性意识的觉醒，青少年对性的神秘感，激起探索和尝试的愿望；家长和教师对早恋问题的过敏和一味制止，又会加强他们的逆反心理；在当前信息发达的时代，中学生从各种大众传播媒介接受了大量与性有关的信息，视野急剧扩大，使蒙眬的性意识变为自觉的追求。

青少年的早恋一般经过以下几个阶段：①确定目标。开始关注某一个异性，默默地思念，这一阶段可有眉目传情、暗送秋波的表示。有些中学生的早恋只停滞在这个阶段，成为"单相思"，不敢与自己喜欢的异性交往，也会形成情绪障碍，影响正常生活和学习。②有所行动。中学生异性之间写情书、递纸条、赠小礼物等，即是对某一异性有好感的表示。同时可有约会行为，如一起逛公园、看电影、外出旅游等。③频繁约会。逐步进入一对一的比较稳定的约会，可能公开化，似乎已经确定了"恋爱"关系。④发生性关系。虽属少数，但近年来有增加的趋势，尤其是在职业高中、中专、技校学生中。因认为自己即将走上社会，已经成人，发生婚前性行为也比普通中学相对多一些。但是，因为现在教育者在性观念和教育方法上不够统一，对早恋的界定常有扩大化的趋势，青春期健康的异性交往也常常被扣上早恋的帽子，所以也带来教育上的困难。例如，中学生自发的小组和集体活动是青春期集群性的表现；异性之间的互相帮助和关心，偶然的单独活动；还有同龄人之间的友谊，青梅竹马的好友等，都不一定是早恋。

许多调查研究证明，青春期健康的异性交往对中学生的身心成长是有益的，应该得到支持和理解。减少早恋最好的方法是，提倡和促进中学生主动与异性交往，像兄弟姐妹一样友好和睦相处，使他们对异性的关注和好奇心得到合理的满足。早恋的问题有待进一步的研究和探索。有关专家认为，在小学高年级和中学开展青春期的性教育，是防止早恋的根本措施。

厌学背后的疾病和应对

你神经衰弱吗？

著名作家孙犁在 1986 年 6 月发表的《红十字医院》短文的一开头写道："1956 年秋天，我的病显得很重，就像一个突然撒了气的皮球一样，人一点精神也没有了，天地的颜色，在我的眼里也变暗了，感到自己就要死亡，悲观得很。其实这是长期失眠、神经衰弱到了极点的表现。"这一段描述可以说是神经衰弱患者的"自白"、"主诉"，寥寥几笔，使得神经衰弱病人的一部分思想感情跃然纸上。

"神经衰弱"作为一种心理疾病的名称，首先是由美国的比尔德在 1868 年提出来的。他认为神经衰弱主要由于身心过度疲劳，引起了中枢神经系统刺激性衰弱，表现为十分敏感，容易疲乏。

通常讲来，有四种人容易神经衰弱。一是缺乏自信的人。这类人干什么事都没有信心，依赖性大。有一位女青年，已经是大学二年级的学生，但是她穿什么衣服、吃什么东西，都要"请示"她的妈妈，她胸无主见，缺乏独立意识和自主行动。她神经衰弱，经常失眠睡不好觉。二是强迫性性格的人。这类人过分求全，总觉得事情不是十全十美。有一位中年医生，他学习刻苦，医术很好，在病人当中享有威望。可是他有一个总是改不了的"毛病"，那就是他没完没了地要用肥皂洗手，唯恐手上不干净，有传染病菌。他也是神经衰弱，经常失眠。三是忧郁性格的人。这类人总是动不动就会闷闷不乐。四是歇斯底里（俗称"癔症"）性格的人。这类人以自我为中心，追求虚荣，不能克制自己的欲望。

神经衰弱和职业、工种有密切的关系。从事脑力工作的人比起从事体力工作的人，神经衰弱的发病率一般要高几倍。有人调查，体育学院的大学生很少患有神经衰弱的；可是准备报考大学的高中生，神经衰弱发病率却最高，而且随着高考的竞争程度的提高，有逐年增多的趋向。从这个简单的调查可以看出，神经衰弱是脑病，是因为用脑"过度"或用脑不当而引起大脑功能严重失调的疾病。

从神经衰弱属于大脑功能严重失调的观点出发，就可以确定出在三种情况下，有可能得神经衰弱这种疾病：①如果长期紧张地从事脑力劳动，可是却不争取或者得不到大脑功能的放松和调节时；②如果遭受强烈的精神创伤，可是却不争取或者得不到安慰和疏导时；③如果持续地忧郁悲伤，可是却不争取或者得不到温暖和关怀时。在这些情况下都有可能得神经衰弱病。

得了神经衰弱病怎么办？一是不要过分紧张焦虑；二是要及时地进行药物治疗和心理治疗，不可延误。最好的办法就是合理地安排学习、工作和生活的时间，注意劳逸结合，有紧有松，不要把精神像满弓似地绷得紧紧的，要放松思想，缓和情绪。一般说来，在比较紧张的脑力劳动一个小时后，就应当散散步，活动一下身体，最好是能够在空气新鲜的地带做做简单的体操。实验证明，这样做 10 分钟，就可以使耐力增加大约 15% 以上，使消除疲劳的时间缩短大约 80% 以上。这样的休息，不仅没有"浪费"时间，反倒是因为提高了工作效率，而节省了时间。至于怎样预防神经衰弱，有两个办法不妨一试：①保持舒畅、愉快的心情，要想得开、放得下，不被烦恼所困扰；②养成每天风雨无阻地进行体育运动的好习惯。如果你善于调整和稳定你自己的思想情绪，再加上坚持体育运动，增加大脑的兴奋和抑制的交替过程，那么，就有充分把握让神经衰弱的毛病从你身边逃开，你就不会感到疲劳不堪、精力衰竭，而会觉得情绪饱满，精力充沛。

警惕精神崩溃

中国有句俗话，叫"兵败如山倒"。意思很明白，比喻两军交战，一旦一支军队打了败仗，往往会像雪崩山倾似地分崩离析，溃不成军，一发而不可收拾。这就像玩多米诺骨牌一样，将牌按一定间距摆成一个矩阵，只要推倒一张骨牌，就会很快地引起连锁反应，瞬间所有骨牌便会一个个被撞倒。

中国历史上有场著名的战役，叫"淝水之战"。前秦王苻坚率90万大军攻打东晋，在淝水一带，遭遇兵力只有他们1/20的晋兵。结果，苻坚及其将士风声鹤唳，草木皆兵，惊恐万状，望风而逃，被打得大败。这个战例所记述的前秦几十万大军争先恐后、竞相逃跑的场面，恰恰是心理上的"多米诺效应"。这种效应在生活中也是屡见不鲜的。一个球队被人家打得大败，心理上没有受挫的准备，往往连战连败，一蹶不振，这就是人们常说的缺乏心理训练。同样，一个人在遭到失败时，有时也会出现"多米诺效应"，觉得自己一切全完了，像泄了气的皮球似的，灰心丧气，再无斗志。

青少年朋友们，当你在某种事情上遭到挫折、失败或不幸时，要警惕这种心理上的"多米诺效应"出现，防止它摧毁你的精神防线。在生活中，凡是被"多米诺效应"罩住的人，大多是由于丧失信心或信心不足所致，往往很容易被挫折、失败所吓倒。信心是个性的良好品质，是精神防线的忠实卫士。信心越坚定越充足，你的精神防线就越牢固，越不易被摧毁。如果你们细心观察一下，就会发现，在你的周围有些人，不是没有雄心大志，也不是自甘落后没有进取的热情，但往往不能把美好的愿望化为行动，白白地让时光在身边一分一秒地流逝过去，到头来还是一事无成。这是什么原因呢？问题就出在缺乏坚定的信心上。一遇挫折，就埋怨自己的命运不好，不相信自己能干出一番事业来，不相信自己的能力。这些朋友们千万"莫等闲白了少年头，空悲切"！

中国古代有位学者叫刘勰。他从小失去双亲，生活很苦。但他志向很大，热爱读书，一心想使自己成为一个学者。成年后，为了钻研学问，他立志不娶，搬到寺里与和尚同住，白天帮助寺里干活，晚上利用寺里清静的环境发奋读书。几度春秋，几度风雨，他坚持了10多年，读了大量的文献书籍，写了大量的读书笔记，最后，写出了我国第一部体系最完整的文艺理论巨著——《文心雕龙》。这部书被后人称为"文苑之瑰宝"，至今仍具有研究价值。青少年朋友们，刘勰的成功，就在于他既有美好的愿望，又有坚定的信心和实干的精神。后人曾赞叹说："《文心雕龙》关键在于一个'心'字，如果能像刘勰那样，用心专一、信心百倍地去钻研，还有什么事情不能做成呢！"

当然，信心不是万能的。事情不会因为你有信心，困难就减少，失败就不降临。然而，信心却是激励人去进取的强有力的心理动力因素。信心是一种精神力量，它可以使你藐视困难、战胜邪恶，鼓励你集中全部智慧和精力去迎接各种挑战。具有坚定信心的人，胜不骄、败不馁，能够保持清醒的头脑。一个人在困难面前垮下来，首先是精神失去了支撑力。精神不垮，是一切事业取得成功的重要保证。

信心的另一个重要作用是，当你面临失败的困境时，它可以使你的进取心理及时得到补偿，使它在新的方向得到再生，而不会陷入"多米诺效应"的魔圈。总之，信心所产生的补偿作用，可以给人以勇气，激发人新的希望。俗话说"东方不亮西方亮"、"旱路不通水路通"、"天无绝人之路"，只要满怀信心地坚持下去，总会看到成功的曙光。

生活的道路是宽广的。如果你在学习或生活中遇到什么挫折，发生什么不幸，万不可怨天尤人，垂头丧气，自我解除精神武装。埋怨和无能、苦恼和泄气往往是同步增长的。越是埋怨，越找不到克服困难的办法；越是苦恼，越缺乏进取的勇气。重要的是振作精神，冷静思考，去寻求新的努力方向加以补偿。有人因脑子不够灵活而自愧不如人，有人因身体有残而悲观失望。其实大可不必。尺有所短，寸有所长，人不能妄自菲薄。有个画家，四肢瘫痪，但他不甘心无聊地打发日子，决心学习绘画，手不能动，就用嘴咬住笔作画，经过刻苦练习，终于学会画画。张海迪身体也有严重残疾，但她通过自身刻苦的努力，补偿了身体上的缺陷，取得了突出的成绩。俗话说"笨鸟先飞"，"勤能补拙"。脑子笨，可以通过勤奋努力得到补偿。

总之，失败、挫折并不可怕，可怕的是在遇到挫折、失败时失去信心，精神防线被摧毁。要相信人是有巨大的潜力的，问题是要善于挖掘自己的潜力，发展自己所长，去弥补自己所短，那么，你总会在人生的乐队中找到合适的位置，从而在人生的乐曲中，奏出你美好的旋律。

厌学症

厌学症与通常的厌学情绪不同，其主要特征是对学习毫无兴趣，视学习为负担，把学习作为一件痛苦的事情，不能从事正常的学习活动，经常逃学或旷课，严重的会引起辍学。造成厌学症的原因有许多。从外因看，有家庭教育和学校教育的失误，如家长期望过高、不当的教育方法、老师态度生硬、社会不良风气的影响；从内因看，是学生生理因素造成的，因各种原因导致的心理烦躁、激动、不安情绪使他们无法静下心来学习，进而讨厌学习。

头昏、头痛、脾气暴躁是厌学症的普遍现象。厌学症对青少年的生理、心理健康具有极大的危害性。很多学生学习基础较差，因为种种原因，经过多次努力却只获得一次次的低分和失败，又长时间受到社会的偏见、家长的漠视、老师的批评、同学的歧视，直接影响到个人的前途与发展。

 厌学症的高发

又一个暑期过去，学生们再次重返课堂，厌学症的抬头又成为一个不容忽视的话题。这些年来到医院或心理咨询中心做心理治疗的患厌学症的青少年数量呈上升趋势，且占到青少年各种心理疾病的30%左右。

厌学症症结分析情况主要是学生缺乏责任感。据心理科教授介绍，青少年之所以讨厌上学，甚至患上厌学症有几点原因：

1. 家庭没有培养学生的责任感，让学生认为学习是为了家长，并不觉得学习和自己的人生有什么重要关系。

2. 家长给学生以巨大的压力，超过了学生承受的能力。

3. 面对学习失去兴趣的学生，家长急于批评，不能心平气和地和学生交流，和学生一起克服心理障碍。

4. 家长在家里事事包办，没有注意培养学生的责任感。

神童得了厌学症

现年6岁的聪聪（化名），3岁的时候就已经会背很多古诗词。他喜欢游泳、演讲和书法，小小年纪已经取得过多项比赛的名次，被左邻右舍称为"小神童"。可因为压力太大，聪聪最终患上了厌学症，说啥也不想上学了。

聪聪的妈妈介绍，儿子喜欢钢琴，她和丈夫就给他买了一架钢琴，并且每天陪他练琴四个多小时。儿子的钢琴弹得越来越好，他们就开始带他参加比赛，并给他规定了每次比赛都要拿名次。"他后来又喜欢上了游泳，我特意请了游泳教练指导他。"聪聪的妈妈说，上小学之前，聪聪先后参加了钢琴、街舞、架子鼓、演讲等多个学习班。无论学什么，她都要求聪聪

的成绩在班里名列前茅，并十分热衷于带儿子参加各种比赛。

巨大的压力使原本对学习很有兴趣的聪聪最终产生了厌学情绪，说啥也不肯再去学习班学习了，有一次甚至对家中的钢琴又踢又打。上了小学，聪聪上课根本不听讲，并开始找各种借口不去上学，考试成绩也落在了其他同学后面。

无奈之下，家长只好带着聪聪到心理门诊接受治疗。医生说，孩子患上厌学症，"很大程度上与家长过分施压有关，希望广大家长都能放平心态，用正确的方式教育孩子。"

儿童厌学症的原因

1. 学习本身的局限性

学习是一系列复杂的心理活动过程，这个过程需要付出很大的心智努力。而这种需要心智努力的事情，都伴随高度的精神紧张，久而久之必然会产生心理疲倦感。同时，学习也有一个长时间的周期，并非一朝一夕就可完成。不管做什么性质的工作，时间长了，都会多多少少的令人产生厌倦情绪。学生从小学一年级开始，持续努力学习十几年，甚至更长。因此，学习本身存在的局限性就使学生产生心理疲倦，从而引起厌学。

2. 学生学习动机不足或不明确

在心理学中，动机是指导和维持个体的活动，并使活动朝向某一目标的内部心理过程或内部动力。中学生动机不足或不明确的现象极为严重。其原因有：①社会不良因素的影响。"学好数理化，走遍全天下"，社会不良风气也走进了学校，影响了学生的学习动机。②家庭因素的影响。一些学生受到家长及社会上"脑体倒挂"现象的影响，误认为知识不重要，花钱读书不合算，认为知识够用，不如早点参加工作或经商赚钱好。③学生本身对为什么学习不明确，认为学习是为了应付家长或者只是有书读就可以，而没有自己的理想和抱负。

3. 学生学习情感淡漠，缺乏兴趣

造成学生学习情感淡漠的原因是多方面的。首先，学生课业负担过重，学习时间长，引起学生兴趣下降。其次，老师教法陈旧、师生情感不良。学生学习往往源于他们对学科老师的情感。一个教师德高望重，从威信到学识水平、治学态度、教育教学能力等各个方面赢得了学生的爱戴，他们必然对这位教师所教的学科抱有浓厚的兴趣。相反，师生情感不良，学生对老师没有好感，他们就会不喜欢这位教师，由此发生情感迁移，学生们很可能就不喜欢这位教师所教授的学科了。学生长时间不喜欢某一学科的学习，很难不产生厌学情绪。

4. 学生意志薄弱，耐挫力差

很多学生虽然主观上有学习的愿望，但学习毕竟是一项艰苦的事情，需要时间及毅力，如今的孩子几乎都是独生子女，是父母的宠儿，生活中的任何困难几乎都是父母帮助处理。所以许多学生坚持性差，意志薄弱。一旦碰到困难便打退堂鼓，害怕去学、去动脑，长期下去，便产生厌学情绪。

5. 来自各个方面的消极评价

学习是一项艰苦的劳动，在学习过程中需要不断的鼓励和被肯定，特别是中学生还处在心理发展的不成熟阶段，更需要来自各个方面的积极评价，而在实际生活中，他们得到的少之又少，而消极的评价正是造成学生厌学的不容忽视的原因。

厌学症矫治方法

厌学症的矫治，一方面要借助外部教育环境的改善，另一方面自身的调节和改变也很重要：

1. 充分认识学习的意义；

2. 面对学习上的失败要进行正确的归因；

3. 全面评价自我，恢复自尊与自信；

4. 扬长避短，重新设计，塑造自我；

5. 能适应环境，不被社会一些不良因素所影响。

 青春期要警惕厌学症

资料显示，厌学症是目前青少年的学习心理障碍中最普遍、最广泛的问题，是青少年最为常见的心理疾病之一。

从心理医学来说，厌学症是指学生消极对待学习活动的行为反应模式，主要表现为学生对学习认识存在偏差，情感上消极对待学习，行为上主动远离学习。

那些患有厌学症的学生的通病是：学习目的不明确，对学习失去兴趣；不认真听课，不完成作业，怕考试；甚至恨书、恨教师、恨学校，旷课逃学；严重者一提到学习就恶心、头昏、脾气暴躁，甚至歇斯底里。厌学症对青少年的生理、心理健康具有极大的危害性。

产生厌学的原因是多种多样的，家庭教育失误是一个不容忽视的原因。拒绝学习不是学生的责任，至少不全是学生的责任，它需要从父母自身开始修正，一点一滴，然后感染学生。

通过心理疏导和家庭治疗，父母和学生共同改变，可以让学生爱上学习。父母可以和学生一起尝试以下的方法：

1. 共同进退。年龄小的学生可以把学习知识融入到游戏当中，而年龄大的学生需要同伴的相互鼓励和促进。在学生们出现厌学，家长们又手足无措时，找同学和朋友来共同帮助，可以起到很好的效果。

2. 呵护好奇心。父母不要忽视和否定学生的学习和探索行为，努力用他们的眼光去观察世界，跟他们一起去惊异、提问、讨论，共同得出结论。

3. 对儿女多作肯定评价。学生在学习乐器或上兴趣班时，父母必须要不断地肯定他们，让他们对自己有信心，再引导他们找出其中的不足。不断地鼓励才会使学生对所需掌握的内容保持强烈的兴趣和学习的欲望，才

会越学越好。

4. 提供和创造环境愉悦的学习环境。这样能够使学生心情愉快地投入学习，取得良好效果。走出户外，带学生进入大自然能开阔眼界，丰富知识，提高学习兴趣。

5. 最好还能指导学生参加一些实践，如让学生自己收集种子、搞发芽的实验等，并鼓励学生阅读有关书籍，学会发现问题，提出问题，学会到书中找答案。这样，学生的兴趣广泛，知识面扩大了，学习能力会自然地提高。

防止厌学的发生要注意以下三点：

1. 作为学生来说，要调整好心态，要有自信心，要以坚毅的性格、乐观的处世态度为学处世，坚信付出必有收获。

2. 从学校方面来说，要确立学生的主体地位，要了解学生、研究学生，挖掘学生的"闪光点"，在发现学生潜能的基础上提出合理的要求，激发他们获取成功的愿望。至于老师，要努力提高自身素质和教学水平，为学生的学习提供良好的条件和支撑。

3. 家长也要改变育子观念，要多和学生沟通交流，要正确估计学生实力，要注意学生的性格养成，不给学生规定不切实际的目标。同时，注意查问题、不迁就，有情况要马上找心理医生对学生进行心理干预和治疗，否则，也许会引起学生的心理症状加重。

矫治厌学症需注意

帮助厌学症学生矫治厌学症，需要学校、老师和家长的耐心引导，三者责无旁贷。厌学症的学生是可以转化的，教育过程中要营造氛围，耐心引导，给其创造一个参与学习的环境，因材施教，帮助他们矫治厌学症。

1. 矫正学生的学习心理

帮助厌学症学生矫正厌学症，首先要矫治其厌学心理。教育过程中，老师要用爱这把钥匙开启僵化的心灵，要爱得真，爱得深，爱得持久。

2. 为学生营造学习环境

教学过程中，老师心中时时要装着厌学症学生，为其营造一个能广泛参与学习的机会，备课时要了解厌学症学生的知识结构。

教学过程中做到：五个优先，也就是优先提问，优先答问，优先演算，优先批改，优先辅导；四个经常，也就是经常考察，经常指导，经常鼓励，经常强化；三个辅导，也就是教师辅导，家长辅导，优生辅导；两个特殊，也就是设计特殊的作业，规定特殊的评比条件。这样，为厌学症学生营造了一个参与学习的环境。

3. 矫正学生的学习行为

厌学症学生因为基础差，学习方法不当，致使学习效率低下，从而丧失了学习信心，厌恶学习。老师要矫正其厌学行为，必须注意学习方法的指导，并贯穿于预习、讲解、练习的全过程。

（1）预习阶段

预习阶段，厌学症学生往往浏览式地预习，很少或根本提不出问题，因而也没有释疑的要求。对此，他们总认为个人学习能力低，看不懂，学不会，干脆等待教师讲解。老师在预习阶段必须设法激发他们的求知欲，告诉他们学习新课时全班同学都站在同一条起跑线上，只要肯努力、肯参与，都能学会，都能学好；鼓励他们学习新知识的信心和勇气，并引导他们在预习时要列出提纲，把看不懂的地方记下来，作为质疑问题提出来，待听讲后处理。

（2）讲解阶段

讲解阶段，厌学症学生不做笔记，不注重问题的提出，而刻意于固定的做题步骤，不探求问题的思维过程；课堂上思维封闭，表情木然，思维与老师的教学内容、教学方法不合拍。对此，老师要使用启发性的语言，循序渐进，由易至难、螺旋式上升，坡度要小，要求不能过高，使每一课、每一问、每一个步骤、每一个符号都让他们听明白。讲解过程中，老师要把知识与趣味融为一体，用随时提问促其参与，以拖住他们思维的绳索，不让他们思想分散。教师在讲解阶段要教给厌学症学生记笔记、思考提问、答问的方法，以提高听课的效果。

（3）作业练习阶段

在巩固练习阶段，厌学症学生不积极思考，遇难题而止步，等候教师讲解或抄袭同学作业以完成任务，或干脆不做作业，导致知识漏洞越积越多，形成愈来愈跟不上学习进度的恶性循环。对此，老师在引导巩固作业时，应培养他们先阅读课本，再整理课堂笔记，最后再做练习的习惯。教师布置作业练习，要体现层次性。

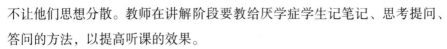

厌学情绪及厌学症的差异

厌学情绪是指学生在主观上对学校学习活动失去兴趣产生的厌倦情绪和冷漠态度，并在客观上明显表现出来的行为。

厌学产生的退避行为，除了受学校教育要求过高过严，压力过大，学习生活单调，教学方法呆板、内容枯燥不生动多样，难以适应学生特点和发展水平等客观因素影响外，长期学习失败形成的习得性无力感也是重要原因。学生因此失去信心、兴趣，进而消极逃避、自暴自弃，发展严重会产生逃学行为。

厌学症与通常的厌学情绪不同，其主要特征是对学习毫无兴趣，视学习为负担，把学习当成一件痛苦的事情，无法从事正常的学习活动，经常逃学或旷课，严重的会引起辍学。

造成厌学症的原因许多。从外因看，同家庭和学校的教育失误有关，例如，家长期望过高，不恰当的教育方法，老师态度生硬，社会不良风气的影响；从内因看，则与学习目的不明确，学习无兴趣，自制力较差，懒惰，放纵等有关。

矫治方法，一方面要靠外部教育环境的改善。另一方面，自身的调节和改变也很重要：充分认识学习的意义；面对学习上的失败要进行正确的归因；全面评价自我，恢复自尊与自信；扬长避短，重新设计，塑造自我。

 "迪普音"音乐疗法

人的两只耳朵和神经系统有着密切的联系。耳前庭是内耳的重要组成部分，对内可以传递神经元，促进脑垂体分泌内啡肽，控制神经系统的神经条件反应和平衡；对外受头部位置变动控制，维持身体平衡、协调和肌肉紧张度。

正因为耳前庭和神经系统的协调作用，我们才可以在空间中表达我们的身体，做出各种各样的动作，说出想表达的语言和句子，保持积极向上的情绪。

说到这里，应该知道耳前庭与厌学情绪的关联了吧。

不错，科学试验证明：假如发生耳前庭听觉失衡，就会刺激大脑中枢系统影响脑垂体正常工作，从而使大脑产生焦虑感；在这种焦虑感的影响下，人会对各种不如意的事情非常敏感，并产生抵触情绪（厌学情绪就是一种），而这些不如意事件会被无限放大，最终引起厌学症的发生。

"迪普音"是一种进行过特殊处理的声音，它的频率与人耳固有频率相同，能够在耳蜗、耳前庭狭窄的空域内导致共振，并通过共振对中耳、内耳进行按摩理疗，对耳神经能起到调剂的作用，减轻耳前庭功能紊乱状态，反馈到人的大脑、中枢神经和脑垂体，帮助内啡肽物质的生成，从而降低、平抚焦虑不安的情绪。

1958年，法国著名音乐学家阿尔弗雷德·托马提斯研究了一种特定频率的行波（高频音），并证实了该行波对人耳蜗具有共振和理疗作用，并对人的心理有着神奇的安抚和治疗作用，这是世界上首次对"迪普音"进行的系统研究。

阿尔弗雷德·托马提斯提出，声波传到人耳，导致了整个基底膜的振

动，振动从耳蜗底端向顶端移动。基底膜上各部位的振幅并不相同，频率越高，最大振幅部位越接近蜗底；频率越低，最大振幅越接近蜗顶。最大振幅所在的位置决定了音高。因为人的双耳不可能完全相同，所以双耳听到的声音就有差异。要减少这种差异，只有采用这种特殊频率的行波，对双耳进行理疗和锻炼，使耳朵能够主动地"弥补"差异。

1984年，香港某医院心理科通过172例研究证实，阿尔弗雷德·托马提斯发现的这种特定频率的行波对抑郁症、厌学症、多动症、自闭症有很好的物理治疗效果。

美国的gosistar研究室的Bernard Rimland医生和Ruth Sullivan医生对阿尔弗雷德·托马提斯研究的"行波"的频率、相位都进行过特殊处理，开发出一系列的具有理疗功效的音乐，实验证明这一系列音乐能够循序渐进，在人耳内产生所需的共振，通过理疗和锻炼，消除双耳听觉差异，对抑郁症、焦虑症、厌学症、多动症、自闭症进行对症治疗。研究者们将这种声音命名为"迪普音"。

与人比较要有好心态

有一天，家在广州番禺区的王先生送女儿真真上学，却遭到女儿拒绝，小家伙告诉父亲，这是因为她的手机太土气了。

据王先生介绍，女儿真真今年9岁，上小学三年级。早在半个月前，女儿就吵着要手机，还说班里的同学都有手机，没有手机会被别人看不起。在孩子的软磨硬泡下，王先生就将家里多余的一部老式手机给了女儿。

最近，王先生发现，女儿上学之前都显得郁郁寡欢。两天前的早上，王先生让女儿收拾书包准备上学，谁知叫了几遍也不见女儿有反应，王先生便训了女儿几句，谁知女儿满脸泪水地哭道："爸爸，我不想去学校了。"王先生忙问为什么，女儿委屈道："爸爸，别的同学的手机都是彩屏的，我的手机是单色的，不能发中文短信，像块大砖头，同学们都笑话我，说我的手机可以砸死人。"

人们都生活在社会环境中，社会环境中的变化都会影响到每一个人。发生在我们身边的小事情，都会导致每个人的思索，导致每个人的情绪波动。比较是正常心理。人都会与周围的情况、人和事情比较，有比较才能找到自己与他人的差距，也就有了进步的动力。然而，人们不加限制、放纵欲望地与他人攀比也有很大坏处。这样攀比的结果是永无止境的竞争。当你看到邻居家买了5万元的汽车，你买了10万元的汽车；但你行驶在道路上，攀比别人那50万元一辆的汽车时，你的心理还是不平衡。邻居家买了50平方米的房子，你买了100平方米的房子，但比别人那300平方米别墅你还是不平衡呀！

其实这样做更好：

1. 不能无止境、放纵欲望地去跟别人攀比。

2. 自己跟自己比，自己过的生活，现在比过去好了，就心满意足了。这就是知足者常乐的道理。

3. 与别人相比的时候，要考虑到自己的能力，凡事尽了自己的能力就行了。

4. "生活上与最低的同学看齐"，而"学习上向最高的同学看齐"。当你在生活上和最低的人看齐时，你就会感到心情舒畅了；当你在学习上向最高的、每日生活最充实人看齐时，你就会有生活的动力。这就是比较的参照物变了，人的心态也会改变的道理。在日子越过越好的现代市场经济社会中，雷锋的这句话仍然有很大意义。

愤怒和暴力的缓解

某同学，男，17岁，现读高二，对学习失去了信心，对生活及未来抱有玩世不恭的态度，喜欢结交不良的朋友，听不进老师和家长的任何方式的开导，不管什么事都我行我素，不计后果。有一次和父亲发生争吵，打了起来……

愤怒是每个人都会产生的一种情绪。当人们遇到强烈的、不符合自己意愿或不满意的事情时，都会产生愤怒。

具体表现：

1. 有些人很容易产生不恰当的愤怒情绪，比如，只遇到稍许、程度轻微的不符合意愿的事情，就会勃然大怒。

2. 多少年前发生的事情，只要一想起来，就会发怒，生气，甚至喋喋不休地说上大半天。

3. 本来是自己做错了，只要别人稍微指出，就会怒气冲冲。

愤怒的后果：

1. 心理状态

造成这种情况的原因，也许是个性问题，也许是认知问题。然而不管什么原因，一个人经常出现长时间、过度的愤怒，甚至让愤怒成为生活中的情绪主流，会对心理健康产生不好的影响。

2. 躯体状态

当处于经常性、长时间愤怒时，心脏收缩持续加快加强。人们会感到脉搏、心跳加快，心脏、血管的负荷长期加重。当未超过人的代偿能力时，会使患心血管疾病的概率、风险性增加；当超过人的代偿能力时，就会患心血管病。

特别当过度激动或突然愤怒也就是暴怒时，心脏处于过度负荷状态，常出现急性心肌梗塞，或心血管病情突然恶化，甚至发生猝死。

3. 人际关系

过度愤怒还容易产生行为冲动，如打骂别人、恶化人际关系。"迁怒"现象，是一些人受到挫折后，将愤怒发泄给某个与事件无关、常比自己弱小的人。实际上，实施"迁怒"的人，愤怒非但得不到缓解，反而会加剧；受到"迁怒"的人，会在机会适当时反击实施"迁怒"者，使愤怒进一步加剧。

这样做会更好：

1. 仔细分析每个人愤怒的原因，实际上大多是由生活中的小事、琐事导致。所以，学会解决生活中小事、琐事非常重要。

2. 采取适当方法，合理发泄怒气，如在无人处哭喊，向亲友倾诉心声，利用散步、歌唱等方式也很重要。

3. 还应善于处理人际矛盾，完善个性和认知模式。

少些愤怒情绪，不仅是心理健康的必需，还是增加身体健康的必要。学习和生活遇到问题要平心静气，摊开了讨论，消极厌学和愤怒暴力是害人害己的。

心理回避：此事跟我无关

小李患了广泛性焦虑障碍，本来就过分担忧、心烦意乱的，再听到父母时不时的争吵，更加重了病情，根本不想上学了。他是个小辈，没办法干涉父母的事。小李向心理医生说出自己的烦心事。

心理医生告诉小李："你自己的事由你来处理，爸妈的事由他们自己去处理，相信他们会解决好自身的事。让他们去争论吧，你回避一下就是了，做子女的大可不必操那么多心。"从此，每当父母争吵时，小李就回到自己的房间里，干自己的事，听不见老爸老妈的争吵，心里也不那么烦恼了。

常言道，"眼不见，心不烦"，说的就是人们通过自己的眼睛、耳朵等感官，可以感受到周围的事情，进而影响到自己的想法和情绪。在环境中，有些事，是患者能处理的；有些事，患者则不能处理。当遇到不能处理的事情时，比如遇到老爸老妈总是争吵时，不妨采取回避的方法。这不是逃避，而是在心理障碍治疗和康复过程中，减少接受外界一些不良影响对病人的干扰。

但患者应知道，"回避法"不是万能药，遇到困难不可事事回避，比如病情已经缓解，遇到学习、工作的困难，就想拒绝上学、逃避回家，这就不对了。

转视：换一个角度看问题

期末考试结束，教师对王同学的考试成绩不太满意。王同学本身有抑郁障碍，但仍是个要强的人，心里为考试结果感到很窝囊，好长时间不爱说话。虽然仍在继续服药治疗，但药物的效果对她好像失去了作用，她的病情加重了。当心理医生了解她最近的苦恼后，就耐心帮助她，鼓励她采取"转视法"。

王同学最后意识到：这次考试虽然没考好，然而仔细分析，是英语没有考好，其他各科还可以，这次考试也就是提醒我以后要在英语方面更加努力……

"转视法"告诉我们，在我们的生活中，许多事情从这边一看，问题显得很严重；换个角度再看，也许还是件好事。凡事学会多角度、全面地看问题，就会使患者心明眼亮，心情愉快。当遇到困难，感到心情沮丧时，不妨学学王同学，换个角度，从多方面看问题，心情可能会好起来。

自我安慰：现在已经很好

小李是位中学生，产生了抑郁情绪。事情是这样的，小李的一位同学家境不错，总是买这买那，一边大吃零食，一边对小李吹嘘："我不用好好念书，家里有的是钱，卖掉一两处房子就够我吃一辈子了！"小李知道自家经济情况不太好，手里不但没零用钱可用，而且家里也没有房子可卖。他在经济上羡慕对方，心里感到很自卑，平添了抑郁情绪。

小李倒很直爽，就医时与心理医生说出自己的苦恼，心理医生先劝说小李的家长："不能因学生有这种想法，就满足他的零用钱，因为那是无底洞。"还劝告小李采取自我安慰。小李明白了这样一个道理："假如学那位学生，手头有了钱不节约，还自我吹嘘，会纵容自己乱花钱的坏毛病，耽误了学习不说，长大也没出息。自己手里没有零用钱去买这买那，少些不良习惯，还是少些零用钱的好。"小李这么一想，心里反而平衡多了。

有时，有抑郁情绪的患者可像小李那样，心平气和想一下，在手头有钱又不会控制时，有什么坏处；手头暂时无钱，又有什么好处。这么分析，实际上自己安慰了自己，不再苦恼了。有许多抑郁障碍患者遇到自己一时做不了、达不到、改变不了的事情，不妨也学学聪明的小李。

但患者们也不能不加分析地遇事都自我安慰，假如确有积极意义、通过努力能做到的事，还是要努力去做。有的病人病情并不重，总强调自己有病，而不去努力学习或工作，一味地安慰自己："学习、工作成绩差，反倒省得花费力气，落得轻闲。"就是错误的应用"自慰法"了。

幽默：向大师们取经

赵同学患上了强迫障碍，坐在课堂上时，总是控制不住地想些杂七杂八的事，非常沮丧。他一边治疗着，一边在医生的启发下，应用"幽默法"来减轻自己的苦恼。晚上他躺在床时想到："遇到困难别总垂头丧气的，想个高兴事吧！对，想想以前看的卓别林演出的电影吧。电影中那位男主人公，见到像螺丝帽一样的东西就拿扳子去拧，在工作流水线去拧螺丝，下班去拧女士们穿着的大衣上的纽扣。"当赵同学想到幽默大师那认真、幽默的表演时，止不住笑了起来，心情一下变得好多了。

俗话说："笑一笑，十年少。"不顺心的时候，幽默一下，笑一笑，情绪可能就好了很多。幽默有时也是战胜困难的办法，古代故事《晏子使楚》是一则应用"幽默法"战胜困难的例子。话说战国时期，晏子代表齐国出使楚国，楚王为侮辱齐国使者，就给晏子制造困难，让晏子在进楚国都城时，从狗洞进入，而不让他进大门。此时，晏子可以用以下方法：一是大怒而回国，不去楚国了；二是去向齐王告状，回国动员军队攻打楚国；三是以其人之道，还治其人之身，站在城门口谩骂楚王是狗。

但这些办法都不好，愤而回国，不去楚国是没完成任务，无法交差；回国发兵攻打楚国，劳民伤财，且远水不解近渴；站在城门口谩骂楚王，太失使者身份了。于是晏子用了一个"幽默"的方法就战胜了楚王。晏子对楚王说："出使'狗国'，才从狗洞进去，我是来出使楚国的，不应该从此门入。"最后楚王只好吩咐大开城门，迎接晏子。

"幽默"是生活的润滑剂，也是机智地战胜复杂问题的应变能力，它是人们对自己的不良情绪和心理问题进行喜剧性分析和解决的过程，使人们在笑声中战胜学习困难。患者和家属们应学会应用这种方法。

低调：我就是个普通人

王同学患了惊恐障碍，一连几年的病症使她很痛苦。当她见到从前的同学、朋友都高高兴兴的，再想到自己病怏怏的，认为凡事都比不上别人，心里很窝囊。经过心理医生耐心的开导，她终于认识到："这个世界上，每个人都有自己的欢乐与痛苦，人人都有本难念的经，只不过别人没告诉你罢了。自己是个普通的人，自然也会患上心理障碍，努力治疗它就行了。"这样一想，她心里好受一些，不再泄气，反而加快了治疗焦虑障碍的步伐，每天高高兴兴地上学。

有一段歌词唱道："没有花香，没有树高，我是一棵无人知道的小草。"歌词的大意是承认自己也是平常人、普通人，是人就会有七情六欲，都有可能患上心理障碍或身体疾病。有了心理障碍就悲观丧气，不但于事无补，还会加重病情，只有努力与疾病斗争才对，这就是"低调法"。"低调法"不是自卑，更不是自暴自弃，将"低调法"当作自卑，去心安理得的过日子就不对了。自卑、自暴自弃是自我否定，认为自己没有能力去克服困难；"低调法"是承认现实，不过高、过于完美地要求自己，应在这个基础上调解心态，并战胜疾病。

宣泄：我哭我笑我怕谁？

小李性格内向，有什么事都不愿说出来，不高兴了就自己憋着。有一次，几个好朋友见他总是愁眉不展的，就劝他把不愉快的事说出来。憋了好一阵的小李，终于说出："自己总是想不开，害怕将来没有好日子过。"一时间，他又哭又说的。几个好朋友耐心地劝了他好一阵。小李经大家这么一说一劝，又宣泄出心里的不愉快，感到痛快多了。

俗话说，"大雨过后是晴空"。当出现不痛快时，可以找个地方，哭哭笑笑地发泄一下；也可以与几个好友说一说心事，心里就痛快多了。这就是"宣泄法"。

善于运用适度宣泄的患者，往往能更顺利地治疗心理障碍；而不善于运用适度宣泄的病人，患了心理障碍就常得不到顺利的治疗，这实际是所谓的"述情障碍"。据《普通精神病学文献》报道，谈话疗法在治疗抑郁症、强迫症等有积极疗效，患者应主动参与。

但运用"宣泄法"也要注意适度、适时，注意宣泄对象。注意不要过分发泄和不分场合地大哭大叫，以免伤了身体又造成不良影响；也不要伤及他人，把火气都发在自己的好朋友、配偶、父母身上就不合适了；一天到晚总对别人说自己的不愉快也不好，别人会厌烦，你就成了鲁迅笔下没人搭理的"祥林嫂"；不管别人有没有空、愿不愿听地张口就说也不好，会遭到别人的拒绝，也会伤了自己的心。

补偿：上帝关上一扇门的同时会打开一扇窗

小周自从患了抑郁障碍，总觉得自己失去了什么，整天郁郁寡欢的。按医生的嘱咐，小周将每天的生活安排得很紧凑，还增加了每天的体育锻炼。这样一来，不但他的生活变得更有意义，身体也变得更好了。

小周终于体会到"患了抑郁障碍，确实不是好事。可增加了每天的体育锻炼，身体和心情反而变得更好了"。这种体会使小周感到痛快很多，增加了战胜抑郁障碍的信心。

俗话说，"堤内损失堤外补"，意思就是："此一时的损失，可在彼一时补偿。"有一句名言说："上帝是公平的，他在关闭一扇门的同时，也打开了另一扇窗。"

有些人认为患上抑郁障碍会失去许多，但当增加了诸如体育锻炼、唱歌跳舞等自己感兴趣的活动去弥补失去的愉悦时，就是在用"补偿法"调解自己的心态了。

当一个人想到失去的东西已经得到更好的补偿后，心里就会舒服，这就是"补偿法"调解心态的原理，患者和家属可适当应用。

升华：做一个脱离低级趣味的人

余同学长期抑郁障碍，陷在心理危机中，总是认为自己不能摆脱心理障碍的折磨，感到心里不痛快，见到朋友、熟人好像矮三分。

心理医生与她交流，请她谈谈"在干什么事情、什么时间里心里感到痛快些"。经过一番考虑，余同学说："当把精力都放在工作、学习或与朋友聊天时，就能感到松口气，心里也觉得痛快些。"

于是，心理医生就鼓励她多做工作，多读些好书，同时也多与朋友聊天。就这样，余同学更多地参加社会活动，感到自己还能做有益的工作，为社会多作贡献，心里逐渐高兴起来。

常言道："化愤怒为奋进"或"化压力为动力"，都是说当自己受到挫折时，可以做些有意义的事，使自己的心态得到升华，从而战胜疾病、挫折和痛苦，这就是"升华法"。当俄国的奥斯特洛夫斯基在身心都受到伤害，成了看不见、动不了的残疾人时，转而将精力用在写《钢铁是怎样炼成的》这本小说上。当小说受到广大读者欢迎时，奥斯特洛夫斯基也忘掉痛苦，心灵得到升华。

毛泽东在《纪念白求恩》里写道："一个人能力有大小，但只要有这点精神，就是一个高尚的人，一个纯粹的人，一个有道德的人，一个脱离了低级趣味的人，一个有益于人民的人。"因此我们不要心眼太小，被一些无聊的事情耽误了自己的前途。

学生自我指导

不要自寻烦恼

每个青年人都会有烦恼，而且是各式各样的烦恼。德国大诗人歌德写的《少年维特之烦恼》，仅仅是讲了青年人在爱情上的烦恼。

除了由恋爱、婚姻和家庭方面所引起的烦恼外，在人生漫长的旅途中，青年人还会遇到工作、学习和生活各个领域中的形形色色的烦恼。这些烦恼有时"剪不断、理还乱"，纠缠你的心灵，使你心烦意乱；有时会像蛀虫一样，无休止地啃蚀着你的心灵，使你陷进痛苦的深渊中，无法自拔。

正常的烦恼大部分是"事出有因"的，你总是会找到产生烦恼的原因的。除了心理失常的人之外，正常的人不会无缘无故地烦恼。但是，从心理健康学的角度看，所谓"烦恼"，绝大部分都是自己找上门来、"包揽"到手的，因而烦恼有强烈的"主观性"，并且可以防止和避免。

为什么说烦恼大都是"自找"的呢？因为烦恼是主观上的一种情绪体验。比如说，你感到烦恼的事情，对于别人来讲，就未必会同样地产生烦恼的情绪体验；反过来说，别人感到烦恼的，你也未必会同样地感到烦恼。擅长写幽默小说的美国著名作家马克·吐温曾经说过："我知道的烦恼很多，但却大部分都始终没有发生！"这也就是说，何必去多想烦恼，何必去自寻烦恼。

人们感到烦恼的事情，往往是没有发生的事情，甚至事实上不可能发生的事情。你可以想一想，一个人若是处于危险的情境中时，他会更多地想他所认为的烦恼事情吗？如果一个人紧张忙碌地做一件事，他是不会感到烦恼的，也可以说，他"顾不得"烦恼了。因而，烦恼是可以避免的、可以排掉的。朋友们最好不要养成"如果……我会怎样"的思想习惯，不要把你的心力浪费消耗在不可能去处理或者不需要应付的情境上面。

过去的已经过去，"俱往矣，还看今朝"。未来的还未发生，何必去杞人忧天！将来的路要从现在站着的脚下走起。请你不要让遗憾、悔恨、内疚和难过的消极情绪腐蚀你的心灵；也不要为未来而忧心忡忡，睡卧不宁。做一个情绪开朗的乐天派，做一个面对实际的现实主义者；消除你千般万种的消极恶劣情绪，超脱一点，实际一点，你会感到时间和精力都不允许你在那里一个劲儿地品尝烦恼的滋味。

请你记住记忆心理学中有"遗忘"这一环节，你可以忘掉你的烦恼，把烦恼从你的记忆中抹掉，不要让烦恼沿袭成习性。当你已习惯地烦恼不休的时候，你也不必为烦恼的习惯而再烦恼，随它去，它会自行消失掉。你也许对这样的劝告报之以惨淡的一笑说："啊，我偏偏忘不掉！"是的，记忆心理学中有这样一条规律：有意的遗忘很困难。比如，我们想有意地忘掉某件事，但却经常是偏偏想起它。

你也许有过这样的体验：人们劝你说"忘掉他吧"或者"遗忘掉她吧"，可你却偏偏苦恼地、执拗地忘不掉这个他或她。那么，怎么办？我当然不会劝你一定去"另找新欢"，你可以把你的精力投放到其他方面去，转移掉这个"忘不掉"的人。因为人生的道路是既漫长而又广阔的，等待我们去作出贡献的工作太多太多，而时间又是少得极其有限，如果你一再地被烦恼所干扰，那就会使你误了车，甚至是误了末班车，而这趟车将载你驶向成功之路。

怎样解除烦恼？从心理健康学上看，有两种行之有效的方法可供参考。

1. 把你认为使你烦恼的事情一一地记下来，分析处理。比如说，如果是一件必须加以抉择的事，你不妨把正面的和反面的理由都写下来，然后考虑怎样处理为好：如果这件事发生，我便这样做；如果那件事发生，我便那样做。

如有可能，立即付诸实践，最好是立即了事。最不明智的做法，就是一味地拖延下去。比如说，决定要写一封信，与其今晚愁思一夜，不如当晚写好，以赢得一夜好眠。不要把你的精力白白地浪费掉，消耗成为生活的阻抑力，而要珍惜地把精力变成生活的原动力。

2. 不要回避可能使你烦恼的事情。正视烦恼之事，平心静气地去考虑，积极努力地去解决。对所能预料的事，确定一个切实可行的解决方案；对不能预料的事，做好思想准备，以饱满的热情和充分的信心去迎接它。

比如说，你要去攀登一座高山。在没到这座大山之前，没有必要过多地去想它，待到你真的到达了山脚下，你往往会发现有你想象不到的可供攀登的路径。"山重水复疑无路，柳暗花明又一村。"鲁迅在 1925 年写给许广平的信中写道："但我也并未遇到全是荆棘毫无可走的地方过，不知道是否世上本无所谓穷途，还是我幸而没有遇着。"

有人曾做过这样的心理学实验：让心情快乐和心情悲哀的两批人朗读关于一个胜利者和一个失败者的故事，结果发现，心情快乐的人最关心胜利者的结局，而心情悲哀的人最关心的是失败者的命运。于是科研人员就此得出结论说：悲观的人倾向于低估对自己发生的一切事情的价值意义；他们回想起来的事情，大部分都是令人伤感的，这样也就使他们更加颓废、忧郁、烦闷。因此，我们每个人都应该树立起乐观主义的信念，切勿自寻烦恼。只有这样，才能彻底地摆脱消极的烦恼情绪。

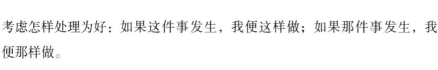

春风得意好读书

昔日龌龊不足夸，今朝放荡思无涯。

春风得意马蹄疾，一日看尽长安花。

这是唐代诗人孟郊的《登科后》。诗的意思是说：往日不得意的心情不值得谈论，现在自由畅快，心里充满无限的联想，思维也敏捷了。在春风宜人的时节里，由于得意的心情，觉得马跑得也特别快，在一天中，把长安城里的鲜花、美景看个够。

诗写出了人逢喜事，无论做什么事都是那样兴致勃勃，联想翩翩，行动迅速，干劲倍增，忘却疲劳的情绪。我们就把这种持续时间较长的情绪状态叫心境，也叫心情。

引起心境的原因多种多样。学生时代重大的升学考试发榜后，考取的人，庆幸欣喜；落榜的人，垂头丧气，另是一种内心感受。有的因为学习经过自己的努力钻研，道道难题得心应手，成绩连连告捷，老师赞扬，同学投以羡慕的眼光，自然心里乐滋滋的。学习屡遭失败的学生，则是终日郁郁不乐。师生相处和睦，伙伴志同道合，相互理解，互相帮助，给人欢乐欣慰。

自然界里春暖花开、阴雨绵绵，高温酷暑，天高气爽、硕果累累，大雪纷飞，不同季节会给人带来欢乐、沉闷、轻松、喜悦等不同心境。

身体健康，使人精力充沛，学习干劲十足，效率倍增，成绩优异，表现出愉快的心境。体弱多病，精神萎靡，提不起精神，心境充满着悲观。

还有，一个具有崇高理想、信念和正确世界观的人，不管自己身处逆境还是顺境，都会做到"不以物喜，不以己悲"，始终充满信心，坚持进取，保持乐观的心境。张海迪就以崇高的理想、坚定的信念，战胜高位截瘫这样的生命中的不幸，是保持乐观进取的人。

欢乐、愉快的积极心境，使人精神振奋，事事如意，样样困难都不在话下，件件事做起来得心应手，更具有进取精神。悲观失望的消极心境，使人精神萎靡不振，意志消沉，处处感到事与愿违，甚至迁怒于人，造成人际关系紧张。

青少年时期是学习知识、发展能力的最佳时期，保持愉快、乐观、轻松的心境，会增强人的记忆力，活跃思维，充分发挥心理潜在能力，使学习收到事半功倍的效果。

一个人的心境的好坏，还会影响人的思维和判断能力。

德国著名化学家奥斯特瓦尔德，有一天他牙痛难忍，偏偏妻子又要生小孩，心境痛苦焦虑不安的时候，收到贝齐乌斯请他审阅、推荐的论文。当时，他粗粗看了一下，觉得满纸胡说八道，顺手扔进纸篓里。过了两天，他的牙痛病好了，妻子平安地生下孩子，这位化学家欣喜异常。这时，他又重新找出那篇有关离子溶液的论文重读，他惊讶不已，马上写信给一家科学杂志，推荐这篇具有新思想和重要价值的论文。后来，贝齐乌斯因这项发现而获得诺贝尔奖。

青少年，特别是青年学生的情绪特点，是强烈而不稳定的，常常是遇到愉快之事，便兴高采烈，情不自禁，难以平静，稍有不如意就垂头丧气，愁眉苦脸，闷闷不乐，从而影响学习，影响身体健康。青少年应该了解自己的情绪特点，保持健康的心境。

保持良好、健康的心境，需要正确地对待挫折。人生路上总有起伏不平，学习、工作、生活，总有困难、失败甚至不幸伴随着。面对坎坷、挫折怎么办？要勇敢地正视挫折，像鲁迅所说的那样"用笑脸迎接悲惨的厄运，用百倍的勇气来应付一切的不幸"。马克思在生活颠沛、失去爱子的景况面前，仍以"我的事业虽然不显赫一时，但将永远存在，将来面对我的骨灰，高贵的人们将流下热泪"的乐观精神和勇气，从事人类最伟大的事业。要吸取教训，从教训中看到光明。爱因斯坦晚年研究统一场论时，不因为99种方法行不通而灰心丧气，而是从99种失败中，看到99种的收获。这种广阔的胸怀、乐观的态度，从另一角度激励着人们进取，困难、挫折只不过是开拓路上的垫脚石。这样，欢乐、愉快将永远属于你。

战胜自我的人最伟大

俗话说："人贵有自知之明。"所谓战胜自我，就是要战胜自己身上的缺点和弱点，达到扬己之长、克己之短、补己之缺的目的。

心理学认为，要战胜自我，必具有明确的自我意识。自我意识，就是人对自己的状况和行为的认识和评价。比如自己的理想、愿望、兴趣爱好、知识能力的现状，长处和短处、优点和缺点，气质、性格以及品德、作风的表现等。自己要对自己有个真实的了解，这样才能随时调节自己的思想和行为，修养自己的品德和作风，锻炼自己的意志和性格，增长自己的知识和才干，克服自己的缺点和弱点，使自己的个性不断完善和发展，以更好地适应周围环境的变化和社会的需要。

　　良好的自我意识是健康个性的重要标志之一。现在有些青少年，往往取得一点成绩就盲目自满，目空一切；受到一点挫折，就灰心丧气，怨天尤人。这都说明他们缺乏正确的自我意识，不能客观、公正地评价自己和别人。一个有作为、有进取心的人，应该不断通过反省，检查自己之不足，勇于改正自己的缺点，才会有长足的进步。大家都知道，中国唐代有个现实主义大诗人白居易，据说他自幼就很聪明，五六岁时候学写诗，九岁就懂声韵。他读书勤奋，敏而好学，读书至"口舌成疮"，写诗写到"手肘成胝"，青年时便声名大振。但他从不自满，创作态度十分认真。他每作一首诗，都要反复修改，有些诗稿竟然被他改得面目全非，真可以说是"千锤百炼"。他不但自己改，还常请别人帮助改，以求精益求精，提高诗的质量。宋人曾记载过这样一个小故事：白居易每作一首诗，必先读给一位老婆婆听，读完便问："听懂了吗？"待老婆婆说"懂得"，方才抄在本子上；若说"不懂"，就要进行修改，直至满意为止。这个故事说明，白居易虽然是个有名的大诗人，但他从不自负，不耻下问，以求得诗意明白、通俗晓畅，可称得上是中国文学史上严于解剖自己的典范。

　　战胜自我不仅要严于律己，还必须如实评价自己。自我评价过高，就会主观武断、骄傲自满；自我评价过低，则会软弱、自卑，缺乏独创精神。俗话说，"满招损，谦受益"。当然，战胜自我，绝不是要大家都去做谦谦君子，明哲保身，息事宁人。相反，战胜自我，正是为了更好地发展自我、完善自我和实现自我，成为一个有作为和有开创精神的人。

　　那么，在现实生活中，怎样才能战胜自我，以求得完善和发展自我呢？

1. 要给自己树立一个做社会主义新人的目标，作为发展自我的志向和衡量自我的尺度。社会主义精神文明建设要求培养出一代新人，以适应社会主义现代化建设的需要。这种新人应具有健康的个性品质，如具有远大的理想、高尚的品德、进取的热情、无私的奉献和为人民献身的精神等。这样才能遇挫不灰心，遇难不回头，在自己的学习和工作岗位上取得成绩，作出贡献。

2. 要相信自我存在的价值。这就是说，要在学习、工作中，不断通过自身的否定去发现新我。要相信自己内在的潜力和自身存在的价值。"天生我材必有用。"人总是以自己的理想来改造自己，在实践中不断地改正自己的缺点，弥补自己的不足，努力去实现自己的理想，更新自己的形象。为此，人就会不断地增强对自我认识的透明度，挖掘自身的内在潜力，不断地引起旧我和新我、现实的我和未来的我的冲突、斗争和分裂，从而爆发出极大的推动力去促使自我的发展，实现自我存在的价值。

3. 只有否定旧我，完善新我，才能实现和发展自我。所谓自我实现，就是自身价值的实现。它不是闭门思过、修身养性所能完成的，而是在实践中，通过追求真知、更新意识、锻炼才干，在不断提高自身素质的过程中实现的。因为人只有在实践中才能认识自然、社会和人生的关系，从而找到自己在社会中的位置，并在这一位置上，认识自己的力量和价值，去努力实现对自身的塑造。人也只有在实践中，才能充分暴露自身的缺点和不足，增强自我完善的必要性和自觉性的认识。人们在实践中，难免要碰壁，经受痛苦的折磨，领会到成功的路不是笔直的滋味。这时，只有这时，你才认识到"奋斗和艰苦"、"成功和失败"、"痛苦和幸福"是三对孪生子。不经过艰苦的奋斗，不经受失败的考验，不经历痛苦的磨练，是难以步入成功和幸福的境地的。成功之路有坦途，更有崎途。坦途是前人开拓的，是有限的。坦途的延伸，要靠后人继续开拓，每个想取得进展的人，都应为此付出艰辛的劳动。因此，要战胜自我，就必须理解这一代人肩负的重任。没有责任感，也就失去了完善自我、超越自我的精神支柱和力量。只有在自觉的奋进中，才能不断地在改造客观世界中改造主观世界，并通过主观世界的改造，不断地完善、发展、战胜和超越自我。

做情绪的主人

在人生的旅途中，一帆风顺、青云直上的路是极少的，总会遇到挫折、失败、坎坷。极少数特殊的"宠儿"也许凭借某种权势的阶梯飞黄腾达，但他们能否站稳脚跟，最终还要看他们的才干和对人民的贡献。假如仅仅是个靠权势吃饭的"高衙内"，那么，一旦他们赖以支撑的权势倒塌，他们迟早会从空中栽下来。难道历史上这样的匆匆过客还少吗？

在青少年中曾经一度流行这样一句话："学好数理化，不如有个好爸爸。"把个人的前途寄托在有权势的父亲身上，是非常愚蠢的。而某些权势们，也往往趁自己实权在握，想方设法去荫及自己的子孙，这不仅是愚蠢的，还是违反党纪国法的行为，既害子，又害民。要知道，中国自古就有"君子之泽，五世而斩"的警喻，更何况21世纪的今天呢？还是子女不靠长辈，长辈严格要求子女的好。

说来说去，还是希望青少年朋友们自己长志气，有出息。一个正直、坚强的人，在学习、生活及事业中，从来不抱幻想，不畏挫折，而是通过自己的努力和进取精神，去实现自己的愿望和理想。通常说来，青少年都具有旺盛的进取心，都想在自己的学习、工作中取得成就。但是，为什么有的人开始时抱负很大，热情很高，而过了一段时间后，便渐渐地丧失了热情，放弃了追求呢？这是因为要进取，要发展自己，难免会遇到这样那样的挫折。也就是说会遇到失败和碰壁。这时，有的人往往会产生一种失落感，被一种消沉的灰色的情绪所笼罩，渐渐变得心灰意冷，甚至破罐破摔起来。心理学把这种个体从事某种有目的活动，受到阻断、打击、干扰或失败时所表现出来的情绪状态，叫作挫折心理。例如作战屡吃败仗，学习中总尝不到成功的喜悦，比赛时总遭失败以及工作不顺心，人际关系不和谐，中考高考落第等，这些不随人意的事，积累起来都会使人产生挫折心理，失去信心，情绪低落。若不能及时调节，设法渡过难关，会渐渐磨掉人进取

的锐气。可见，学会控制自己的情绪，做自己情绪的主人是多么重要。

心理学认为，挫折之所以容易产生消极情绪，是因为挫折常常会使人的心理失去平衡，破坏人们对目标实现的信心，以及削弱目标对满足主体需要的意义。这时，人在心理上就会产生一种紧张、不安和焦虑的心情，从而激起情感上的波澜。一个性格软弱的人，假如不能及时平息这种情绪的干扰，就极易导致个人对命运的屈服和自我能力的怀疑，从而失去进取的勇气和热情，陷入萎靡不振的怪圈。

那么，怎样学会做自己情绪的主人呢？

1. 要正视现实，做生活的强者。只有正视现实，才能理智地对待挫折。挫折无非是行为结果的碰壁和失败，这是人生奋进中难以避免的，无需懊恼和沮丧。世上只有未出世的胎儿和死人没有挫折，一个要在学业、事业上有所作为的人，总会遇到这样或那样的失败和挫折。可以这样说，在通往成功的路上挫折总是相伴而行的，问题是怎样对待挫折。弱者往往匍匐在挫折和失败的脚下，而强者却常常从挫折和失败中吸取教训，进行反思，从而不断地完善自我、创造条件或修正目标、另辟蹊径，最后，总会找到出路和成功的钥匙。古今中外无数成功的事实证明：挫折和失败是成功的前奏，谁能经受住挫折和失败的考验，谁就能到达成功的彼岸。世界瞩目的中国工农红军在二万五千里长征中，战胜敌人的围追堵截，跨越千山万水，爬雪山，过草地，历经千难万险，终于胜利到达陕北，显示了顽强不屈的精神。19 世纪初，匈牙利数学家亚诺什，在创立非欧几何时，经历种种挫折和打击：父亲认为他异想天开，教师丢掉了他用心血写成的手稿，当时的大数学家高斯对他的研究也持完全否定的态度，可以说是孤立无援。而他个人的境遇更是不佳，先后被疟疾、霍乱等病魔缠身，搞得他身体十分羸弱。他以顽强的毅力忍受着病痛的折磨，继续刻苦研究。谁知车祸又向他无情地袭来，致使他身体残疾，卧床不起。正当他需要人照料时，又被无情的父亲赶出了家门。青少年朋友们，请想一想，几乎是所有的厄运一齐向他压来。但是，在如此恶劣的境遇、如此沉重的打击下，年轻的亚诺什却仍然没有放弃自己追求的目标，没有向厄运屈服。功夫不负苦心人，亚诺什终于战胜了一切挫折，成功地创立了非欧几何学说。

目标追求＋信心＋毅力＝战胜挫折。这就是战胜挫折的公式。要学会承受挫折所带来的心理压力，变压力为动力，做情绪的主人，才能使自己始终保持旺盛的精力，满怀信心地向成功迈进。

2. 要树立革命乐观主义精神，保持良好的心境。心理学研究表明，情绪具有两极性：①乐观、愉快、热情、自信的情绪会使人产生积极的心境。这种心境能够起增力作用，使人精力旺盛，思维活跃，注意力集中，记忆深刻，对未来充满信心和希望。②苦恼、忧郁、悲伤、烦闷的情绪常常会使人产生消极的心境。这种心境能够起减力作用，使人意志消沉，思维呆板，注意涣散，记忆力减弱，精神不振，对未来失去信心和希望。所以，保持良好心境，克服消极心境是非常重要的。

青少年朋友们，要树立远大理想，培养革命乐观主义精神，"少年壮志不言愁"。遇事要心胸开阔，所定目标要切合自己的实际，只要扎扎实实、步步为营、脚踏实地前进，总会有所收获。不要好高骛远，急于求成。俗话说"一口吃不成胖子"，"欲速则不达"。性急求快，因主客观条件不成熟，反而不能达到目的。这样极容易因失望而产生不必要的烦恼。同时，不要把一时的得失看得过重。例如不要因学习、工作上偶遇小的挫折，就闷闷不乐，更不要因一次考试不及格或投考落榜就垂头丧气，怨天尤人。俗话说，"宰相肚里能撑船"。要学习革命先驱的精神：跌倒算什么，我们骨头硬，爬起来再前进！挫折、失败不过是人生奋进中的插曲，它绝不会影响人生的主旋律。要记住，你追求的目标，往往隐藏在挫折、失败的后面。"失败是成功之母。"要经受住挫抑、失败的痛苦磨练。没有痛苦，就没有欢乐，只有经受过痛苦的人，才更能体味欢乐幸福的甘甜。成功和失败、顺利和挫折、痛苦和幸福、苦恼和欢乐总是交织在一起的。苦中有乐，苦尽甘来，失中有得，败中有胜，这就是生活中的辩证法。

总之，要做情绪的主人，就要修身养性，培养坚强的性格。胜不骄，败不馁。大丈夫能伸能屈，屈时，也就是当你处于逆境时，要耐得住；伸时，也就是当你处于顺境时，要冷静地抓住时机，有所作为。伸中有屈，以屈求伸，才能变压力为动力，化消极为积极，这样又何愁学业不进步，事业不成功呢！

情绪的控制方法

对不良情绪的控制，常采用四种方法。

1. 宣泄法

当你被一种强烈的消极情绪所激起时，你不妨让这种情绪的能量发泄出来。例如，你因亲人逝世，哀恸不已，与其强忍悲痛，不如在家里放声大哭一场。大哭之后，你的悲痛会减轻很多。宣泄当然不仅是哭，你向好友写一封长信，尽诉你的悲伤，也会收到效果。

2. 分心法

人被消极情绪所困扰，短期内难以摆脱。老是宣泄也不合适，于是可用分心法把自己的注意力和精力转移到别的对象或活动上去。选择转移的目标越具吸引力越好。亲人故亡导致的悲痛，不易在几天之内消失。当哀痛袭来时，你不妨整理一下你平素喜爱的邮票，或出门走访一下平素相契的同窗。分心法在大多数场合都是行之有效的。

3. 理智消解法

人毕竟是有理智的。有人认为，人在痛苦时不能自拔，哪里还有理智活动的余地？实际上不然。除了在昏迷时刻，人的理智总不会消失尽净。那么当身陷不良情绪时，就应善于调动这暂时微弱的理智力量，并尽力使它活跃起来。理智的作用之一，是"自我提醒"。这不用展开的思考，只需简明的话语即可。比如，人在深陷苦痛时，常有一个错觉，仿佛这痛苦是无边无尽、不可超越的；假如这时在心里自我提醒"没有过不去的火焰山"这句俗话，就可抵制错觉，增添自信心。其次，要想到后果：不良情绪如此长久下去，对工作、对家庭、对健康将带来什么损害？当你想到不良情绪后果的严重性，你会变得比较清醒，比较冷静。再次，待你比较冷静了，你要进而分析造成消极情绪的原因。除了悲伤等情绪以外，很多情绪的形成是值得寻找根源的。如你受到委屈，你就能够从主客观方面作一番分析，并据此提出处理办法。

4. 以情制情法

有些复杂的感情，如道德感，通常比较牢固。控制不良的道德感方面的体验，上述方法常难奏效，于是可用以情制情法，也就是以另一种更加强烈的感情来压抑不良的感情。如嫉妒心属于道德感的范畴，是一种庸俗的情感。它一旦形成，就比较顽固，常构成个人性格特征的一部分。克服嫉妒并不容易，有些人明知自己的嫉妒心并不光彩，却还是一见别人出成绩就浑身不舒服，老想借故贬低别人一通。克服嫉妒心理，必须在懂得其危害性的同时，逐渐养成对自己的谦逊态度，增强集体感、同志感和社会责任感。因为不愿别人超过自己，显然是不符合社会利益的。要能对自己的嫉妒产生羞愧之感，当这种羞愧感的强度超过嫉妒心时，才足以战胜它。

改变情绪：白日梦经验

据美国《亚特兰大宪法报》报道，科学家发现偶尔做"白日梦"有益身心健康。所谓白日梦，在心理学家来说，就是人在清醒状态下出现的、带有幻想的心理活动。如在工作、学习疲惫的间歇，幻想自己中了大奖，或正在向往已久的某地旅游，借此来放松情绪。

美国达特茅斯学院一项研究显示，当研究对象做白日梦时，他们的脑部看似"正在休息"，实际上却相当活跃。亚特兰大松河心理治疗协会的心理医生魏斯也表示，导向正确的白日梦有益身心健康，所以他有时会用这一方法诱导心理疾病患者走出眼前困境。

从心理学角度看，白日梦对心理健康究竟有哪些积极作用呢？

1. 激发潜能，改善厌倦情绪。幻想的题材多为个人关心的事情，因为

有了厌学情绪怎么办

不受传统思维形式限制，往往会迸发出意料不到的处理方案。美国心理学家彼特说："想象力是处理问题的钥匙，当人们百思不得其解时，'白日梦'能为你提供答案。"在那些经典艺术创作过程中，我们也常常见到幻想的影子：文豪巴尔扎克就常与他小说中的人物对话；作曲家勃拉姆斯也不止一次地说，只有当他冥想时，乐思才会不间断地从脑海中跳出。

2. 开阔视野，放松疲惫的心情。现实生活中，我们的言谈举止大都规规矩矩，心理学称此现象为"人格面具"。而幻想往往可以超越现实，伴有必需的欣悦感，让人们的心绪变得更宽广。当人们沉浸其中时，现实世界变得很遥远，我们也不由自主地进入了一种梦幻般的陶醉状态。

3. 改变自己，重新认识自己。幻想能使我们从更广泛的角度审视自己。在清醒意识层面，我们思考问题的方式是抽象的、概括的，观察事物也有选择性。而在幻想中，我们对内心的体察要细致全面得多。另外，平时因为受自尊、面子的影响，人常常会欺骗自己，但在幻想中却会直面现实。所以幻想可以提供一个全方位看待自己心理、人格的机会。你可以根据幻想的提示，找到更适合自己的行为方法。

但幻想毕竟不是现实，假如我们把大把时间都用来幻想，并以此作为逃避现实的手段，则显然是心理障碍的表现了。因此，我们还应面对现实，把幻想作为辅助手段，发挥其积极作用。

静待"牛顿苹果"的到来

许多名人在研究问题的过程中，都有愁眉不展、进退无门的情况，此时难免产生厌恶和逃避心理，有些甚至会想不通而自我伤害。其中一些人经过一段时间的困扰，最后一下子豁然开朗，找到了苦思的结果，即所谓"山重水复疑无路，柳暗花明又一村"。中国古人管这个叫作顿悟。

千百年来，"顿悟"成为人类处理科学和其他问题的一种独特的思维方式。它具有一些与常规解题方法不同的特征，例如说"顿悟"前常有百思不得其解的、十分苦恼和困倦的阶段；灵感突如其来的时候，自己往往并没有意识到在想问题，事后也无法说清究竟是怎么得到答案的。

顿悟是一种突然的醒悟。格式塔派心理学家指出人类处理问题的过程就是顿悟。当人们对问题百思不得其解、到处碰壁的时候，突然看出问题情境中的各种关系并产生了顿悟和理解，有如"踏破铁鞋无觅处，得来全不费功夫"。其特点是突发性、诱发性、偶然性、极度快乐或豁然开朗等。甚至，有许多现代心理学家还发现顿悟与人的非记忆性的潜意识有关。

牛顿看到从树上掉下的苹果而发现万有引力定律的故事，也是一个经典例子。世界上有一个著名的苹果，这个苹果之所以与众不同，是因为它砸中了大物理学家牛顿的脑袋而几百年来为世人所传诵，至少在传说中是这样。英国皇家学会在庆祝成立 350 周年时，以数码形式对外公开了一批珍贵的文稿，其中包括 William Stukeley 写于 1752 年的关于牛顿生活的手稿。Stukeley 是一位考古学家，也是牛顿的传记作者，他的这份手稿为我们揭开了牛顿苹果的真相。Stukeley 是这样写的："晚餐后，天气很暖和，我们走进花园，在苹果树的阴凉下聊天，只有他和我。他告诉我，他还在思考地心引力的问题。当时他坐在那沉思冥想，恰巧一个苹果落下来，他就想，为什么苹果总是垂直落下来？为什么不侧向一边或向上，而是不断地朝向地球中心？原因必须是地球在拉着它……"接下来的事情是地球人都知道的了。

因此，当我们处在信息饱和、厌学的情绪之中时，必须要少安勿躁，不要轻易放弃，因为那只神秘的"牛顿苹果"说不定哪天就砸到你的头上。

何时才能"顿悟"

对于一些调皮或迟钝一点的孩子，开明的老师和家长常常会说："这孩子还没有开窍，慢慢就好了。"有时候家长急起来，也会骂孩子："你什么时候脑子才开窍啊？"

有些学生，尤其是男孩，也有这样的体会，读小学、中学的时候浑浑噩噩，成绩不好也不坏，到了高中，成绩一下子突飞猛进，令人刮目相看。大人们会说，这是"开窍"或者懂事了。

这个"开窍"，就跟前文的"顿悟"大有关系。在了解"顿悟"前，请先回答几个心理学的问题，猜猜谜语中所指的东西是什么？

1. 有一根蜡烛和一盒钉子，你将如何把蜡烛固定在墙上呢？（补充：没有火。）

2. 能挪走巨大的木头，却搬不动一枚小小的铁钉，这是什么？

3. 因为布已经撕破，因此草垛变得很有用，这是什么？

4. 因为小棍子弯曲了，因此这个人什么也看不见，这是什么？

（答案：1. 把钉子从盒子里倒出来，先用钉子把盒子钉到墙上，再把蜡烛放到盒子里。2. 河流。3. 降落伞。4. 汽车挡风玻璃上的雨刷。）

当你冥思苦想终于猜出问题的答案时，是否有种百思不得其解，然后突然又豁然开朗的感觉呢，其中的奥妙究竟何在，人的"灵感"究竟从何而来？

在美国纽约召开的国际"人类脑成像"大会上，我国心理学家罗跃嘉、罗劲等对"灵感"的发源地——大脑"扣带前回"的发现，为揭开"灵感"产生之谜奠定了基础。而前面的4个谜语，正是罗跃嘉领导的课题组用来解谜的实验材料。

"灵感"，在中国古代著作中经常用"天机"、"兴会"、"神来"、"顿悟"等指类似的思维现象。对于"灵感"的解释，罗教授认为，"灵感"实质上是人类思维活动中的一种特殊状态。当人们处在这种特殊状态时，大脑会产生强烈的情感振荡，涌现出鲜明的意象、清晰的概念和顺畅的推理，使长期紧张探索的某种关键环节突然得到了释放，灵感就此产生，但又会转瞬即去，因此它有突发性和短暂性的特点。

历史上，众多科学猜想、新思想都从"顿悟"中诞生。"给我一个支点，我就能撬起整个地球"，说这句话的是古希腊学者阿基米德，他在泡澡时悟出了浮力原理。经典力学创始人牛顿，被树上掉下的苹果砸中脑袋后，发现了万有引力定律。西晋的陆机在《文赋》中也对文学创作过程中出现的灵感现象作了精细的描绘。但是，"顿悟"过程产生的心理过程和脑机制，人们至今仍一无所知。

现代心理学认为，灵感的迸发有某些内在的原因和条件。人脑是个巨大的信息存储器，我们每天都要接受大量的外界信息，其中一部分可以被人自觉感知，并且加以整理；而另一部分则成为我们的潜意识，这种潜意识事实上仍在活动，并不断进行新的排列、组合。

在一定的条件下，一旦受到外界特定事物的触发，潜意识便会跃入到人的自觉意识中，当它的结果忽然呈现时，便给人一种思路豁然开朗的感觉。正因如此，现代心理学家尝试用实验方法来研究这个问题。

罗教授说，人们通过学习会对某个问题的处理形成思维定式，而一旦要处理一个从未遇见的难题，就需要打破这种思维定式，另辟蹊径。而"脑成像"的实验条件就是确定这个时间点，以此作为记录的起点，并要求必要的"重复"。因此他们选择了传统谜语和脑筋急转弯的问题作为实验原料。这种谜语分两类，一类较容易，用通常计算性思维就能处理，比如"虽然它挡住了你的眼睛，但你看得更清楚了"（答案：眼镜）；而另一类谜语较难，就是"脑筋急转弯"，文章前面的 4 个谜语就是这种类型，这类谜语需要突破思维定式。

这两类问题实际上用的是大脑中两块不同的地方，前者不会产生"顿悟"，而后者可以使人形成"顿悟"。研究人员正是用后面的"难题"减去前面的"简单"，这样形成一个激活区域，这个区域就是"顿悟"产生的脑内活动区。他们利用"功能磁共振成像"和"脑电波"两种方式进行记录测试，前者具有毫米级的空间分辨率，后者有毫秒级的时间分辨率，二者的结合是目前脑研究技术的最佳组合。其中，磁共振测试在日本完成，脑电波实验在中国完成，两种测试都得到了同样的结果。罗教授兴奋地说："实验结果非常明显，人脑产生'顿悟'时，大脑中'扣带前回'区域的神经活动异常强烈。"

"顿悟"的发现得到科学家的广泛关注。据英国媒体报道，DNA 双螺旋结构的发现者之一、1962 年诺贝尔医学奖获得者弗朗西斯·克里克在《自然—神经科学》杂志上发表论文说，人类具有"灵魂细胞"，他声称人的意识，俗称的"灵魂"，不是先天就有，而是由大脑中一小组神经元产生和控制的，这些神经元也许在"扣带前回"。罗教授的此次发现正为其理论提供了科学证据。

美国西北大学和德雷克塞尔大学科学家的一项最新研究表明，"顿悟"实际上和大脑不同寻常的工作方式有关。科学家让18名实验对象玩一种字谜游戏，内容是找出一个单词，使它能与列出的其他3个不同英文单词搭配，分别组合成3个有意义的新词。

每名实验对象在解题过程中都要报告他们所经历过的"顿悟"时刻，研究人员可通过仪器做监测，当研究对象"顿悟"时，大脑右半球颞叶中的前上颞回区域活动明显增强，并在"顿悟"前0.3秒左右突然产生出高频脑电波。

他们认为，"顿悟"的产生有赖于大脑神经中枢独特的活动机制，这一机制为大脑"顿悟"的过程提供了支持。新研究是否与罗教授的发现有矛盾呢？罗教授评价说，二者矛盾并不大。因为"顿悟"体现的是人类智慧的火花，也许完全由更多的大脑区域协同完成。进一步的研究将有助于彻底揭开"顿悟"之谜。

学习上的尤里卡效应

谈到浮力，我们都会想到阿基米德。阿基米德公元前287年出生在意大利半岛南端西西里岛的叙拉古，父亲是位数学家兼天文学家。阿基米德从小有良好的家庭教养，11岁就被送到当时希腊文化中心的亚历山大城去学习。在这座号称"智慧之都"的名城里，阿基米德博阅群书，汲取了很多的知识，并且做了欧几里得的学生埃拉托塞和卡农的门生，钻研《几何原本》。

后来阿基米德成为兼数学家与力学家的伟大学者，并且享有"力学之父"的美称。其原因在于他通过大量实验发现了杠杆原理，又用几何演绎方法推出很多杠杆命题，给出严格的证明，其中就有著名的"阿基米德原理"。他在数学上也有着极为光辉灿烂的成就。尽管阿基米德流传至今的著作只有10来部，但多数是几何著作，这对于推动数学的发展，起着决定性的作用。

一个著名的故事是：叙拉古的亥厄洛王叫金匠造一顶纯金的皇冠，因怀疑里面掺有银子，便请当时的大科学家阿基米德鉴定。这在2000多年前实在是个大难题。接到这个任务后，阿基米德百思不得其法。这样浑浑噩噩过了许多天。他朝思暮想，想累了，想烦了，干脆不想了，还是舒舒服服地洗个澡吧。

阿基米德和往常一样躺在灌满热水的浴盆里，脑子里还在想着皇冠的事情，于是任热水顺着盆沿溢出来。突然，他脑子里一亮，所有困倦疲累一扫而空：通过称皇冠排出的水量来确定它的体积，进而确定比重，不就能判定真假了么？阿基米德于是弄清楚了不同质量的物体，虽然重量相同，但因体积不同，排去的水也必不相等的原理。根据这一道理，就可以判断皇冠是否掺假。

阿基米德高兴得跳起来，赤身奔回家中，口中大呼："尤里卡！尤里卡！""尤里卡"是古希腊语，意思是："好啊！有办法啦！"

阿基米德将这一流体静力学的基本原理，即物体在液体中减轻的重量等于排去液体的重量，总结在他的名著《论浮体》中，后来以"阿基米德原理"著称于世。

阿基米德的发明方式被后世称为"尤里卡效应"。现在"尤里卡"驰名全球，成为那些在毫无头绪的、困倦的研究者们静静期待奇迹到来的方式。

 劳逸结合

健康与疲劳是学习中相互影响的辩证关系。劳逸结合，保持健康的身心是顺利进行学习活动的基础。疲劳是指因为活动过于强烈或过于持久引起学习和工作效率下降的一种身心状态。特别当考生处于复习阶段，不分昼夜地苦读，强制自己在疲劳的情况下坚持学习，常会出现颈、臂、背、

肩与手指的酸痛不适和学习效率下降。同时，心理上也会感受到疲倦，自制力、毅力、耐力大大下降。主要特征：全身疲惫，关节僵硬，肌肉酸痛，注意力不集中，记忆力和思考效率下降，大脑反应迟钝。

考生疲劳的形成原因主要有：

1. 睡眠不足。许多考生不顾白天的紧张学习，挑灯夜战，往往看书到深夜，以致睡眠不足，打乱了人体正常生物规律，终日昏昏沉沉。

2. 学习内容过多过难。学习内容过多，必将占用休息时间，引起睡眠时间缩短；学习内容过深，需要大脑进行紧张的思维活动，致使大脑疲劳。另外，过难的内容也会影响到考生的复习兴趣，加速疲劳的形成。

3. 心理压力过大。因为来自社会、学校、家长和自身的压力过大，考生总是担心考不好怎么办，整天在焦虑的状态下度过。这样不仅直接影响到考生的休息，还会使其精力不能集中，引起学习效率下降，不能完成学习计划，反过来加重考生的心理压力，使考生更容易产生疲劳。

4. 学习方法不当。考生平时不注意科学用脑，学习方法一成不变，使大脑受到抑制，也容易出现疲劳。

5. 营养不合理。考生不注意饮食，使大脑缺乏必需的营养物质，造成大脑疲劳。

6. 不良的学习环境。光线不足或过亮引起视觉疲劳，噪声过大使学生注意力分散，室温过高或过低使考生身体感到不适。

预防疲劳的最佳方法是保证充足的休息时间，然而它不是最有效的。因为考前学习任务重，考生不得不延长学习时间。预防疲劳最重要的是讲究用脑艺术，做到科学用脑。

过度学习要把握"度"

过度学习效应是由德国心理学家艾宾浩斯最先提出的，主要的含义是：一个人要想掌握所学的知识，必须要经常提醒自己通过反复练习，才能得到巩固。也就是说人们对所学习、记忆的内容达到了初步掌握的程序后，假如再用原来所花时间的一半去巩固强化，使学习程度达到150％，将会使记忆得到强化。

让我们来看看过度学习效应的分析。

宋朝有个叫陈尧咨（康肃公）的人，十分擅长射箭。他能够在百步开外射中杨树的叶子，这样的射技举世无双，再没有第二个人能够比得上，陈尧咨对自己的本领很是自负。

有一次，陈尧咨在自家后花园的场地上练习射箭，引来许多人围观。有一位卖油的老者挑着担子经过，也停下来，放下担子，斜着眼睛看陈尧咨射箭，很久都没有离开。陈尧咨的箭术果然名不虚传，射出的箭十次有八九次都射中靶心。旁边围观的人们大声喝彩，手心都拍红了。只有那位卖油的老者，仍用斜眼瞅着，只稍微点了下头。

陈尧咨见老者似乎有点看不上他射箭的技艺，又生气又不服气，就放下弓箭走过去问老者说："你也懂得射箭吗？难道你认为我射箭的技术还不够精吗？"老者平静地回答说："我觉得这也没啥了不起的，只不过你练的多了，手熟而已。"

陈尧咨终于发怒了，质问道："你怎么敢如此贬低我的绝技！"

老者也不急，不慌不忙地说："我是从我多年来倒油的技巧中懂得这个道理的。我就演示给你看一看吧。"说完以后，老者把一个葫芦放在地上，又取出一枚圆形方孔的铜钱盖在葫芦嘴上，然后他用一个油瓢从油桶里舀了一满瓢的油，再将瓢里的油向盖着铜钱的葫芦嘴里倒。只见那油成细细的一线流向葫芦嘴，均匀不断。等油倒完了，把铜钱拿下来细细验看，竟然连一点油星子都没有沾上。在人们一片啧啧称奇声中，老者笑了笑，说道："我这点雕虫小技也没有什么了不起的，不过是手熟而已。"

再难的事，只要我们反复地不间断地练习、实践，日久天长，必定会熟能生巧。这个道理所反映的，就是过度学习的效应。

所谓过度学习，是指超过刚能背诵的程度之后的重复学习。学者们研究表明，适当限度的过度学习比刚能背诵的效果好，但假如超过这个限度，其保持效果不再增加。例如说，学习一篇唐诗 4 遍后恰能背诵，则再学习两遍效果最好，再学习 5~6 遍的效果则适得其反，既不增加熟练程度，也容易令人厌倦。过度学习理论的主要含义是一个人要掌握所学的知识，必须要经常提醒自己反复练习，才能得到巩固。

艾宾浩斯对这一效应做了最早的实验研究。他为测量超过记诵学习所需的过度学习的量，曾以不同的次数读过几组 16 个无意义的音节，结果发现，过度学习材料比刚能回忆的材料保持效果好，而且其保持效果和原学习的分量大致成比例。

著名数学家华罗庚小时候的才华并不突出，别人用一天时间学完的东西，他要学好几天。然而他对此并不抱怨，而是坚持把问题弄得一清二楚，把需要记住的东西全记下来。奇怪的是，过了一段时间，别人几天才能学完的东西，他用一天就能学完，而且掌握得比别人更好。在这里起作用的，也是过度学习效应。

过度学习效应通常发生在识记学习和辨别学习中。在识记学习中，W. E. 克留格做了一项著名的实验，在完全学会 12 个单间节后再进行 50%~100% 过度学习，1 天、2 天、4 天、7 天、14 天及 28 天后所进行的再学习中测不定期的保持量，显示出过度学习使保持量增加，过度学习不但促进了记忆的保持，而且对后面的学习增大了正迁移。

在辨别学习中，因为过度学习，使逆转学习变得容易，这是 L. S. 里特发现的。

20 世纪 60 年代后，关于辨别学习的研究，大多是进行人的辨别学习研究。除了上面的辨别反应说，还出现了位置习性说、消去说、负反应回避说、诱因说、二要素说、观察反应、注意说等。

虽然上述各种学说还有争议，但不管如何，过度学习的效果也是有目共睹的，关键是要保持一个度。放松的状态是不行的，但把学习的弦绷得过紧也不行。

艾宾浩斯的"过度学习"实际上是"适度紧张学习"。要防止"报酬递减"就应该做到：当学习巩固到不再出现错误的水平时，就可以停止。假如此时再要求自己进行精力投入，那么学习效果将会下降，掌握能力将发生递减，在这种情况下，学习时间越长，越学习不进去。

学习过度而适得其反

虽然社会各界对暑期补习班的批评越来越多，但仍有许多家长从心理上不愿意放弃针对学生的各种暑期补习班、辅导班。针对这种现象，有关专家提醒，家长要及时扭转这种不当心理。因为过度学习容易适得其反，要把假期真正还给学生。

家住兰州的一位学生家长彭先生正考虑暑假里为上小学五年级的女儿报什么样的暑期班。他说："暑假时间这么长，不能都用来玩。别的学生在假期里也都报这样那样的班，等假期结束时，多少总能学点东西吧。"

彭先生的观点代表了很大一部分家长的态度，他们认为，只要学生在学习，就肯定能学到东西，取得成效。

彭先生的女儿小彭可不这么看："最近几个暑假我都是报班补习，感觉压力特别大。"小彭说自己即使是坐在了补习班的教室里，心思也没在学习上。尤其是一些同学打电话来说他们玩得多好多好的时候，心里对学习的排斥情绪就更加强烈。

专家指出，这是典型的因为家长的学习压迫造成学生逆反心理的情况。他介绍，逼迫学生在假期进行学习会直接影响到学生学习的兴趣。在经过一个学期的学习之后，学生需要一个调整的时期释放压力，重新积蓄对学习的兴趣。在这个调整期里应该尽量避免学生非主动的学习。

专家提醒，家长应该早日认识到学习的规律，不要一厢情愿地逼学生在假期里学习，要把假期真正还给学生。一个真正属于学生的暑假应该是没有学习压力、亲近社会、亲近自然的假期。

注意避免学习疲劳

期中考试刚刚过去，许多孩子感觉格外疲惫：大脑反应迟钝，注意力分散，思维滞缓，情绪沮丧或烦躁，对什么都不感兴趣，学习效率低下。这是因为学生长时间"泡"在学习里，引发了学习疲劳。

学习疲劳是许多孩子都会遇到的问题，形成原因是长时间不间断地学习：长期超负荷用脑，长时间学习负担过重，使大脑超负荷运转，会导致大脑疲劳；学习方式不当，不合理安排学习时间，长时间地学习或复习同一门功课，做同一类型的试题，易引起疲劳的产生；缺乏学习兴趣，对某一学科无兴趣，出于无奈强迫自己去学，时间一长便会产生疲倦，继而出现头昏脑涨、注意力涣散的现象；不良情绪与复杂的内心在波动，生活与学习中一些重大事故易造成心理的失调与不良情绪，容易引起学习疲劳。

出现学习疲劳这一问题时，同学们必须进行心理的自我调节，消除紧张和压力，达到充分的自我放松。

1. 减少学习时间。不考虑身体与心理的承受能力，每天逼着自己长时间学习是不可取的。

2. 预防疲劳，感到疲劳之前先休息。

3. 经常休息。为了避免在课堂上因困倦而睡觉，可以在休息时间睡上一觉。例如，午饭后睡 10~20 分钟，可以预防下午频繁出现的疲劳；晚饭后再睡 10~20 分钟，可以使整个晚上的学习时间延长，且效率提高。

4. 学会精神愉快地去学习。带着忧虑、烦恼，愁容满面地去学习，再简单的学习内容也会迅速使人疲倦。假如能将学习当成一件你喜欢做的事情，带着一份愉快的心情去面对学习，即使学习内容很多，难度很大，也不会那么快就感到疲劳。

你是否学习疲劳？

如何了解自己是否疲劳和疲劳的程度呢？下面提供一个简单的测试方法：

1. 早上起来就感到身心难受不对劲、没睡够；

2. 假如你骑车上学，感到骑车没力气；

3. 上楼梯容易绊倒；

4. 不愿与教师或同学见面、交谈；

5. 写作文不顺利；

6. 说话声音细小，连不成句；

7. 对别人的谈话不关心；

8. 不知不觉就用两手托着下巴靠在桌子上；

9. 总想大量喝茶、喝咖啡等提神的饮料；

10. 不想吃油腻的东西；

11. 饭菜中非常喜欢加上香料、调料；

12. 总觉得手发僵发硬；

13. 眼睛总像睁不开似的；

14. 哈欠打个不停；

15. 连朋友的电话号码也说不出来；

16. 想把脚搁在桌椅上歇歇；

17. 体重不知不觉地降下来；

18. 容易拉肚子或便秘；

19. 难以入睡。

假如有 1～2 道题回答"是"，说明有极轻微的学习疲劳；假如有 3～4 道题回答"是"，说明有中等程度的学习疲劳；假如有 5 道以上的题回答"是"，说明有严重的学习疲劳，应该引起注意。

完成作业的技巧

学习科目很多，作业也很多，如何高效完成这些作业也是有技巧的。还记得"工作的变换本身就是休息"这句话吗？

1. 文科作业与理科作业交叉完成

理科作业的主要内容在计算、推理，假如长时间去做理科作业，左脑易疲劳。同样的道理，文科作业中感性的材料相对多一些，易导致右脑疲劳。

如果长时间做某科单一性质的作业，会因大脑某些活动区域细胞活动过度而出现疲劳，学习效率自然下降。交换学习内容和学习方式可以使疲劳部分的大脑区域得到休息，休息的大脑区域进入工作状态，这样既没有妨碍大脑的休息，也保证了学习活动高效率地进行。假如我们在作业过程中有意进行文理交叉，就相当于左右脑协同工作或轮流休息。如我们可以在晚间作业时按数学、英语、物理、语文、化学等顺序来安排，效果自然要好得多。

2. 学习的形式要富于变化

同上面的道理，长时间使用同一种学习方式也容易产生疲劳，更为合理的方式是不同学习形式之间交叉安排，例如记忆、解题、阅读和知识整理与总结等活动交替安排，不要长时间采取某一种学习形式。实际上，各科目的作业都可以采用"想（思考）—写（动手）—背（记忆）"的形式组合。

3. 先做不擅长的科目，后做擅长的科目

在学习中，一些同学的某些科目非常好，而个别科目却很糟糕。例如，有的同学理科学得非常好，而语文或英语却很差；而一些文科非常有优势的同学，却为理科头疼不已。这在无法回避的各类考试中，都是"致命"的硬伤，你的弱科就成了你的"短板"，直接影响着你的学习水平。更为可怕的是，这些弱科好像就是要跟你过不去，越是考不好越是不愿意学，越是不愿意学越是学不好，把自己搞得很累，以至于对该科目失去信心，甚至有放弃的念头。

许多同学都是这样的习惯：把不喜欢的、学得不太好的作业都排在最后。这样做的结果很明显，一方面在做作业的过程中，一想到一会儿要做自己不喜欢的那个科目了，心里就有些不安，恨不得把手头正在做的作业再做得慢一些。另一方面，正因为留给弱科作业的时间十分有限，本来的漏洞就需要时间来弥补，结果投入严重不足，造成弱科更弱，"短板"总是补不齐。久而久之，极容易养成拖拉习惯，并因为对弱科的畏惧心理造成严重的心理压力。这显然是一种消极的学习方式。

实际上，道理很简单，被动挨打不如主动出击。只要把自己较弱科目的作业最先做，就可处理"短板"问题。它最终提高的是自己的综合实力，但在这个过程里，可以使自己养成不逃避、不拖拉的习惯，同时锻炼了自己不畏困难、勇往直前的意志品质。

先做自己不喜欢或者不擅长科目的作业，这是处理偏科问题的最有效的方式，在心理学中称为普雷马克原理，这个原理不但在教育、学习生活中有着广泛的应用，在许多企业中也得到高度的认可。

因为我们学习的科目较多，带来的问题就是：在学习过程特别是做作业的过程中，经常因为"究竟接下来要做什么"而犹豫不决，因此浪费了时间。

假如我们在安排作业（包括复习）时，时间和顺序相对固定，这样就便于把握规律。例如，粗线条的安排可以是早上读英语和语文课文，中午某一段时间来整理上午的课程笔记，而晚上作业完成后专门攻自己的弱项。可以想象，这种相对固定的学习一改那种杂乱无章、繁忙不堪的情景，一切都已经安排妥当，只要依惯性行事就可以了，一到书桌前自然就知道自己应该马上干什么，这样的学习充满安全感和自信，这是多么奇妙的事！

作业中的心理学效应

1. "冯·雷斯托夫效应"

学习心理学学者们曾研究过这样的现象：假如在一系列刺激项目中，

有某一项内容有特别之处或与其他"隔开"，它就比在不被隔开的情况下容易记住，这种现象是由德国心理学家冯·雷斯托夫在实验中发现的，所以被称为"冯·雷斯托夫效应"。

为什么一个被隔离的内容要比不被隔离的内容容易学习呢？也就是说"冯·雷斯托夫效应"为什么会产生呢？

按照吉布森的"泛化—分化"理论解释，这是因为被隔离的内容是醒目的，它与系列（一组）材料中的其他内容很少发生泛化作用。

根据格式塔心理学派理论的解释，"冯·雷斯托夫效应"是一种"痕迹集合体"的作用过程，相似刺激集合在一起组成一个集合体，在集合体中，这些相似刺激的一些个性消失了，因而难以记忆，而集合体中不同刺激因保留了其个性，于是被大脑所记忆。

因此，我们在作业安排时进行文理交叉，除了防止性质相同或相近的学习材料在一段时间内可能产生的干扰作用外，还可以体现"冯·雷斯托夫效应"，通过不同类型不同性质的学习材料的"隔离"作用，增强记忆效果。

2."重叠效应"

认知心理学派关于记忆的理论表明：在一前一后的记忆活动中，假如识记的东西是类似的，对于信息储存来说是不利的。这是因为重复出现的内容、性质相同或相近的事物往往相互干扰、互相抑制，从而容易使人产生遗忘。心理学家科勒把这种现象命名为"重叠效应"。

所以，我们在学习汉字、英文单词以及其他材料时，必须要注意不要把类似的材料集中在一起，这样容易产生重叠效应。假如要放在一起学习，最起码有些材料是熟悉的，这样也许会产生同化作用，也就是将生疏的材料同化已已记的材料之中，否则就会产生重叠而影响记忆。

3."普雷马克原理"

这是行为主义心理学派的一个术语，是1965年由心理学家普雷马克提出的，是指利用个体偏好较强的反应以刺激另一种兴趣较淡而强度较弱的学习反应原则。

这个实验是这样的，普雷马克让学生们从两种活动中选择一种：一是玩弹球游戏机，二是吃糖果。当然一些学生选择了前者，一些学生选择了后者。更为有趣的是，对于更喜欢糖果的学生，若将吃糖果作为强化物，便可以增加其玩弹球游戏机的频率；相反，对于更喜欢玩弹球游戏机的学生，若以玩弹球游戏机作为强化物，便可提高其吃糖果的量。由此可见，比较喜欢的活动可以用来强化不太喜欢的活动。因为祖母对付孙子常用这种方法，因此又被称为祖母原则。

这种用高频行为（喜欢的行为）作为低频行为（不喜欢的行为）的有效强化物的例子随处可见。例如，"吃了这些蔬菜就让你吃肉"，"做完作业后，让你看一个小时的电视"等。

因此，我们在做作业的时候，应先把不喜欢、学得不好的那个科目的作业拿来做。这样既促进了低频活动的发生，避免拖拉的行为和恐惧心理，实现"弱科补短"，又能促进优势科目的发展。

4. "木桶原理"

严格来说，这是一个管理学的术语名词。木桶原理是由美国管理学家彼德提出的。大意说的是由多块木板构成的木桶，其价值在于其盛水量的多少，但决定木桶盛水量多少的关键因素不是其最长的板块，而是其最短的板块。这就是说任何一个组织，也许面临的一个共同问题，也就是构成组织的各个部分往往是优劣不齐的，而劣势部分往往决定整个组织的水平。

若仅仅作为一个形象化的比喻，"木桶定律"可谓是极为巧妙和别致的。但随着它被应用得越来越频繁，应用场合及范围也越来越广泛，它已基本由一个单纯的比喻上升到了理论的高度。这由很多块木板组成的"木桶"不仅可象征一个企业、一个部门、一个班组，也可象征某一个员工，而"木桶"的最大容量则象征着整体的实力和竞争力。

事实上，我们在应试中制胜的武器就是各科目的均衡，学习中的成与败起决定作用的恰好是我们的弱科，因此，让我们每天从把最弱一科的作业排在最先来做开始，补齐自己的短板，提高自己的综合实力。

5. 心厌效应

假如学习者持续从事同一性质的学习，就比较容易逐渐丧失对学习活动

（包括学习内容和学习方法在内）的兴趣，进而产生厌恶的态度。这种心理现象被心理学家勒温称为心厌效应。心厌效应在程序性教学中比较常见，要克服这种效应，变换学习内容和学习形式是比较好的选择。当我们对某一学习对象感到厌倦、显露疲劳、抑制状态时，就可以调换其他学习内容，将注意力转移到不同性质的别的问题上。而变换学习形式的途径是多种多样的，通常来说，在平时的学习中要注意三个结合：集中学习、分散学习、独立自学相结合；课内学习、课外学习相结合；规定内容和自选内容相结合。

掌握用脑科学

大脑使用的原理如下：

1. 人的大脑有左、右两个半球，左半球负责数、理、化等逻辑方面知识；右半球则负责绘画、音乐等创造性方面的内容。

2. 大脑皮层上还细分为听觉区、视觉区、写作区等各个语言中枢。

3. 必需的心理活动总是发生在大脑的某个特定部位，而与此无关的皮层区域则处于相对静止状态，当某一种单一活动强度过大或时间过长，就会导致该区域皮层疲劳。

如何科学用脑？

学生在学习过程中，要善于变换学习的内容或使内容丰富化。应避免单科学习时间过长，要使各科交叉安排复习。这样能够使大脑皮层各区域轮换休息。

如何预防疲劳

1. 学会休息

休息可分为安静休息、活动休息和交替休息。安静休息是指睡眠和闭

学生自我指导

目养神。活动休息也称积极性休息，如散步、打球和轻微的体力劳动等，也可以与他人聊天。交替式休息是指将各种不同性质的学科交叉在一起来学习，如文、理穿插复习，这样，大脑皮层的神经细胞不仅不会疲劳，还会有相互促进的作用。

2. 合理安排学习内容

考生把每天要复习的内容按难易程度有意穿插开，复习一些有难度的内容，接着复习些相对容易的内容。

3. 改善学习环境

考生在选择环境时，光线不能妨碍视力，学习场所要安静、整洁，桌椅要舒适等。

4. 合理的营养调配

5. 音乐疗法

在消除疲劳过程中，情绪因素很重要。积极向上、乐观、愉快的情绪能加速消除疲劳。优美的音乐能振奋考生情绪，产生轻松愉快的感觉。考生在学习间隙或学习之后，能够通过听音乐来达到消除疲劳的目的。然而，所听音乐必须是没有歌词的。音乐中如果有文字的话，文字信息将进入大脑，影响大脑的休息。另外要注意的是，考生在听音乐时，不能边听边想其他的事，必须陶醉于音乐中，这样才能完全放松，使疲劳得到彻底的消除。

疲劳的消除

消除疲劳能够有效地提高大脑的工作效率，从而提高学习的效率。青少年朋友不妨试试下面的疲劳消除法。

1. 单侧体操法

因为人脑左右两半球在功能上显著不同，考生在学习时，通常左半球的生理负荷要比右半球重。科学研究证明，单侧半侧的体操锻炼能够消除对侧半球的疲劳。具体方法：

（1）站立并目视前方，右手紧握拳，右腕用力，屈臂，慢慢上举到最大限度，还原，重复8次；

（2）右腿伸直上举，然后倒向右侧，但不能挨地，还原重复8次；

（3）右臂向右侧平举后再上举，头不能动，然后左臂上举，平举还原，重复8次；

（4）翘起脚尖，像俯卧撑那样用腕和脚尖支撑，重复8次。

2. 疲劳防治操

考生复习过程中最普遍的姿势是坐姿，因为身体前倾，呼吸肤浅，肺活量减少，物质代谢功能也随之下降，从而形成疲劳。考生假如做一下疲劳防治操，则能够在短时间内消除疲劳。具体方法：

（1）做些挺胸直背的动作，同时用手臂绕圈；

（2）身体后屈，伸腿、臂，伸直用力摆几次；

（3）慢慢地做几次头绕圈的动作，然后轻轻按摩颈肌、肩胛肌；

（4）深吸气，然后慢慢地呼气；

（5）两手臂下垂，做几次手的动作，松紧手指，两手腕放松抖动；

（6）离开座位，走动走动。

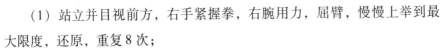

寻找适合的学习方法

对于外向型性格的学生，在学习方法中要注意：

1. 好学深思。外向型性格的学生性格爽朗、倔强，考试不怯场，对事物能直截了当地提出自己的看法和想法，遇到问题敢于向别人请教，这些都是对学习十分有利的性格特点。不过，因为这类学生自信自己"领会得快"，因此对待问题往往不求甚解，即便请教别人也不认真倾听对方的回答，往往别人话还没说完，他就觉得自己已经"明白"了，实际上也未见得真正"明白"。因此，要要求这样的学生养成好学深思的习惯，防止遇到问题"浅尝辄止"或"绕道走"的不良倾向。

2. 加强计划。外向型性格的学生学习往往缺乏计划性，不管干什么，大多从兴趣和感情出发，因此即使制订了学习计划也难以切实执行。所以，对这样的学生应要求他自己制订一个详细的学习计划，并严格按照学习计划所规定的进度去做。

3. 有错必究。外向型性格的学生通常不在乎分数的高低和评语的好坏，对试卷和作业中的错误也不想认真改正。应该帮助学生养成有错必纠的习惯，把错误认真改正过来，才能避免"重蹈覆辙"。为此，有必要让学生做错答笔记，也就是把答错的题和不会做的题都清楚地记在笔记本里并经常翻看。

4. 求得帮助。外向型性格的学生独自一人温课时效率往往不高，所以，最好能找一些性格较内向的同学一起温习功课，以便取人性格之长，补己性格之短，从而有效地提高自己的学习效率。

对于内向型性格的学生，在学习中要注意：

1. 打消自卑。性格内向的同学往往比较自卑，有了自卑感就容易造成心神不安、焦虑烦躁，从而影响学习效率。要使学生打消学习中的自卑感，要教育学生：①能正确评价自己，也就是不仅要能如实地看到自己的短处，也要能恰如其分地看到自己的长处，切不可因自己的某些不如人之处而看不到自己的如人之处和过人之处。②正确地表现自己，多做一些力所能及和把握较大的事情，哪怕这些事情很小，也不要放弃争取成功的机会，可在自己所擅长的学科上狠下功夫，争取取得好成绩，以增强学习的信心。③正确地补偿自己，承认自己在某些方面有缺陷，但不背思想包袱，以最大的决心和最顽强的毅力去克服这些缺陷。

2. 心胸豁达。性格内向的学生心胸往往比较狭隘，当学习未达到预期目的，或者考试成绩不理想时易导致情绪波动，教育学生不要过分看重考试分数，即使分数不理想也不要悲观，以免影响自己的学习热情和学习效率。

3. 独自学习。性格内向的学生往往不愿参加集体学习，效率往往也不

高，故温课时最好能找个安静场所，独自进行学习。但应提高学生的自控力，防止独自坐在桌子前想入非非，白白浪费了学习时间。

给予自我激励

一只洁白的鸽子，被关在一个特别的箱子里。它饿极了，于是就在箱子里左顾右盼，走来走去，想找到一点食物，可是，它很气恼——把它放进箱子里来的人，竟然不同时放进一盘食物。怎么办？小鸽子气得用它的尖嘴到处乱啄。"笃、笃、笃……"它渴望着出去找些食物。当它的尖嘴啄到一个透着亮光的小圆窗时，奇迹发生了——从那里掉出一个食物球来，小鸽子当然毫不客气地将它吞进肚去。小鸽子吃过食物球后并没有立即明了这个小圆窗的价值，它仍然到处乱啄，直到数次啄到这个小圆窗，数次从这里得到食物的奖赏以后，它才慢慢地明白过来——这才是供应食物的窗口，从此它学会不再到处乱啄，想吃东西只要径直去啄这个透着亮光的小圆窗就行了。

这是美国印第安大学和哈佛大学教授斯金纳所进行的动物学习实验。他根据长期研究的结果，提出了操作条件反射的学习理论。这一理论揭示了与经典条件反射学习不同的另一种学习方式，也就是动物和人行为的改变（学习结果）不必非从有刺激物开始不可，也能够由其本身的自发行为活动开始，经过数次强化（鼓励）后，巩固成为学习结果。在课堂上，当教师要求学生学会或记住什么内容时，他会反复强调，不断重复——这是给予刺激，学生就跟着老师的要求一次又一次地学和记，最终学会了，这种学习是经典条件反射式的学习。另一种情况，学生想获得某种知识或技能，于是他就去读书、找资料、试着处理问题，当他获得一点成功时，就得到老师的鼓励、同学的赞赏或因"我学会了"而体验到成功的喜悦，总之尝到了成功的"甜头"（这就叫作受到强化），从而使他掌握了知识技能并促使他继续学下去。这就是操作条件反射式的学习。

操作条件反射式的学习，强调强化和反馈。这里说的强化，就是对于正确反应给予必要的鼓励，从而增加正确反应的频率。上述小鸽子一碰到有亮光的窗口（反应正确），就得到食物（对反应的鼓励），于是它就不断地去啄窗口（增加反应频率）。这就是通过强化的激励作用，而使反应巩固起来。学生学了某一知识（反应），通过练习、作业、解答问题等，受到教师的肯定或自我肯定（强化），于是，知识就巩固了。在学习中，学习结果正确与否，作为一种刺激返回学生的头脑被认知，这一过程就是反馈。反馈可作为对学习成果和学习动机的强化手段。

操作条件反射式的学习似乎更有利于学生自学，有利于学生主体作用的发挥。

斯金纳根据操作条件反射的学习原理，提出了程序教学的主张，提倡按教材的必须程序系列编写附有习题和答案的程序教科书，便于学生自学，促进学生独立思考，并可由学生根据个人实际情况自己控制进度，反复学习，达到学习的最佳效果。

下面，请你看看小铭立同学的体会：

我上初二第一学期时，突然得了肝炎，住进了医院。病倒不算太重，但从住院到出院后隔离休养，前后耽误了50多天功课。妈妈常说初中二年级是学习和智力发展的关键时期，这一下子，给我当头一棒，当时真不知怎样才好了。妈妈对我说："你考虑一下，为了把基础打好，是不是休学一年，再重新读？假如实在不愿意这样做，也可以试试利用养病的时间自学，把落下的课补上，到时候如果能跟得上，就接着上。"我不愿意休学，自然就不放过这也许能跟得上的机会了。

我在家养病20多天，每天安排好学习计划自学。妈妈是大学教师，她虽然不能直接辅导我功课，但她指点我的学习方法，使我受益匪浅。到我病愈复学，不仅落下的功课全部补上，而且跟班学新课也不费劲。初二第二学期，我的学习成绩排在全年级第三名。

我自学的体会是：

首先要把学习材料大体浏览一下，然后按照教材的章、节、段的内容

划分为一个一个的小单元。每学一个小单元时，先弄懂概念，再认真思考教材内容之间的联系，绝不简单地背诵课文内容、定义或公式。对于不同的学科，我学习的进度也不一样。文科的理解比较容易，进度就快些。理科在学习概念、原理时进度较慢，不吃透我是不罢休的，而做习题时挑选最关键的题做，能够加快速度。

其次，每学习一个小单元，都尽可能地通过自己的思考提出问题，或对照练习和教师留下的思考题。同学们常给我送来作业进行回答。我回答的方式有口答（自己边想边说），也有笔答，为了节约时间，笔答时我只把答案的提纲写出来，具体内容在脑子里"过电影"。

再次，我每次做过的练习或回答过的问题，都要找到正确答案对一下，这种做法，我看见心理学书上叫做"反馈"，就是使我获得自己学习结果的反馈信息，答得对、做得好的，就是我学会了的，再经过复习，就巩固了。而有错误的地方，就是我掌握得不好的，赶快找到不对的原因纠正过来，实在有困难的就找同学或旁人问一问，或找点参考书看看。通过这种"反馈"，不仅能够帮助我准确地掌握知识，同时我每学一步就知道自己学习的效果，也是极好的自我激励；每学完一单元，我都体验到学习成功的乐趣，也促使我锲而不舍地学下去。

经过这一阶段的自学，我确实尝到了自学的甜头，这甜头主要在于我感到自己成了学习的主人，感到学习是其乐无穷的；同时也提高了自学能力，学到了驾驭学习的本领，我对学习不再有任何畏难情绪了。

朋友，小铭立的做法和体会也许对你的学习会有一些启发。

学校教育指导

因材施教的传统

　　因材施教是指老师要从学生的实际情况、个别差异出发，有的放矢地进行有差别的教学，使每个学生都能扬长避短，获得最佳发展；是在共同的培养目标下，对不同的受教育者提出不同的要求。受教育者的共同点是年龄特征。年龄特征指身体、生理神经方面的特点以及心理方面发展的特点，后者又包括心理过程和心理特征。稳定的心理特征就是个性心理特征，也是个体差异之所在。因此因材施教也就是因个性心理特征而施教。从这个意义说，材就是年龄特征中的个性。

　　因材施教古已有之。有一次，孔子讲完课，回到自己的书房，学生公西华给他端上一杯水。这时，子路匆匆走进来，大声向孔子讨教："先生，假如我听到一种正确的主张，能够立刻去做吗？"孔子看了子路一眼，慢条斯理地说："总要问一下父亲和兄长吧，怎么能听到就去做呢？"子路刚出去，另一个学生冉有悄悄走到孔子面前，恭敬地问："先生，我要是听到正确的主张应该立刻去做吗？"孔子马上回答："对，应该立刻实行。"冉有走后，公西华奇怪地问："先生，一样的问题你的回答怎么相反呢？"孔子笑了笑说："冉有性格谦逊，办事犹豫不决，因此我鼓励他临事果断。但子路逞强好胜，办事不周全，因此我就劝他遇事多听取别人意见，三思而行。"

因材施教的探索

关于因材施教的研究已有很长的历史。其内容大致集中于两个方面。

1. 因材施教的办法。主要在寻找各种有活力的、实用的方法,去对具有不同个性特征的学生进行教育,而又不夸大其差异或忽视其共同的教育需要。一致的意见是容许学生在目标、方法、材料及达到目标的程度和期限等4个可变因素中,有灵活选择的余地。已经提出来的途径有:学生主体,个别化学习,开放课堂,程序学习,启发、探讨式学习,语言操练交际化。但除了学生主体作为教育原则已被一致接受外,其他各种途径都因其局限性而存在争议。

因材施教的通常方法有:按能力分班;跳级;承认自学结果;不分年级的讲堂或复式学习;自动化学习;最低要求和无限发展;系统的因材施教计划;师生合同;集体学习;小教师制等。

2. 导致学习上个体差异的原因。通常倾向认为,这种原因不是先天性的,而是后天性的,能够避免的。英国学者 B. S. 布卢姆及助手经过 10 多年的研究,认为学生学习上的个体差异是人为的、偶然的。只要有了适当的学习条件,一个学生能学会的东西,其他学生都能学会。主要的人为原因有 3 种:①父母、老师、学校判断学生"差",并非从学习和学生过去的学习情况和基础出发,故常失之主观。但这类判断却使学生盲目相信,从而失去信心。②班级太大。③没考虑学习的 3 大要素——学生为投入学习所需用的基础知识、技能,学生的动机,学习对学生的适合性。

总的来看,个体差异主要形成于社会的实践活动。因为每个人所经历的具体的生活环境、道路不同,个体差异是存在的。在大班学习情况下,个体差异是造成两极分化的重要原因之一,主要起着抑制学习的作用。然而,这种抑制作用是能够克服的。

思想教育和心理训练

中小学生"厌学"的根本原因，在于他们没有自己的人生目标，对自己来这里学什么、怎么学、学了有什么用，都不是很清楚。

因此，教师的思想教育就必须紧紧围绕这个中心点，根据不同年龄段的学生的心理素质情况，有针对性地进行世界观和人生观的教育。

至于学生的厌学心理，是因为学生受到学习情境的刺激，例如进入学校或教室，这种刺激唤起厌学的学生大脑中产生不良感受或痛苦情绪，出现烦躁、恐慌、浑身不舒服等反应，伴随着这些不良情绪，厌学学生就会作出勉强学习或逃避学习的反应。对此可参考以下意见：

1. 给予多次经受困难的考验，从而降低对厌学情绪的敏感性，让学生在自己的生活中经历一些困难和考验，并且努力让自己战胜困难，这种战胜困难的心理感受会有助于帮助学生提高攻克学习困难的信心和勇气。

2. 培养学生对付消极情绪的一些认识和策略。当消极情绪产生时，不要消极被动地任其蔓延，让自己感受不快和痛苦，而应采取必需措施，如深呼吸等。

3. 进行想象训练，帮助学生建立积极的情绪体验。要求学生想象自己心情放松进行学习的画面，越清晰越好，假如出现厌烦情绪，就及时进行调节，想象顺利完成作业的充实感和成就感，想象轻松面对各种繁重困难的学习任务，体会那种轻松的感觉。

学校的适当的调整

学生通常是在校学习的，其厌学情绪和行为主要表现在学校。要纠正和克服学生的厌学情绪，首先必须从学校自身做起，做如下的一些调整和改变。

1. 学校的课程设置应适当修改，以适应社会的需要。每学期可适当地增加专业课的课时，给学生更多的动手时间。让学生在实习中发现问题，再到理论课中去学习知识，再用理论去处理问题。培养一些技能也是克服学生厌学情绪的良好手段。学生特点是爱动，在理论课的基础上适当多增加一些实验，多动手，增加他们的学习兴趣，锻炼他们的操作技能，由此才能恢复他们的自信心，成绩自然会得到提高。

2. 老师要培养现代管理理念，主动关心学生、教育学生，及时发现学生身上出现的学习问题与障碍，及时处理出现的问题。另外要树立"每位学生都是聪明的，都是人才"的正确理念，不要把学生分成三六九等，平时多鼓励学生充满自信。

3. 创造一个和谐的学习环境、一个温馨舒适的学习环境，让每位学生都能以愉快的心情投入学习，激发学习兴趣。适当创设科学的现代环境，这种环境能使学生增强好奇心，迅速迸发求知探索的欲望。积极改善学校的教学生活设施，尽可能满足学生的学习和生活需求。

老师是学习的领路人，只有老师与学生产生了共鸣，才能使教学顺利进行。老师要更新教育观念，积极主动地采取应对策略，还要探索新方法、新途径，如组织学生走出教室、走出讲堂、走向社会，在社会实践中了解知识的作用，认识到学习的重要性，使学生由"厌学"到"愿学"，成为想学、爱学、会学的人。

当然也不能姑息迁就，对那些严重扰乱教学秩序的学生应给予适当的处分，通过齐抓共管，再顽皮的学生都会感到有动力、有压力，从而上升到自觉学习阶段。

4. 拓展、发掘学生的成才空间，让学生建立多方面的成就感。学生们文化基础参差不齐，个人修养千差万别，个性的差异决定后天发展的不同，即使学生工作后，学习成绩也不是决定他们成就的唯一标准。老师如果能留心观察，精心编制规划，积极采取措施，开发学生的潜力，通过开展丰富的第二课堂，充分展示他们的风采，给他们发现自身价值的机会，就可

学校教育指导

以使学生以优促差，培养积极向上的意识，建立他们的信心。学校还要创造条件，组织学生走向社会，在实践中学会吃苦，学会钻研，让他们在适应社会的过程中，认识到自己的不足，认识到知识的重要性，加强对知识的渴求。

处理厌学的几个注意点

1. 不同的学生有不同的厌学原因，老师要找出这些原因，并针对不同的学生采用不同的方法。

2. 老师要给学生充分的肯定，不断发现学生身上的发光点。

3. 改变学生的厌学情绪不可能一蹴而就，老师要随时做好打持久战的准备。改变厌学情绪也要从点抓起，以点带面。

4. 老师要密切关注着学生的行为变化，一旦有厌学情绪出现，就要仔细寻找根源，对症下药。

"人之初，性本善。"每个学生都有自己的特长，只要老师精心培育，他们都可以成为优秀的人才。

建立良好的师生关系

建立良好的师生关系是顺利开展教学活动的前提条件，是调动学生学习兴趣的基本要求，也是老师传授知识的桥梁和润滑剂。

所以，老师要善于运用自己的爱心来感化学生，经常关心、鼓励学生，向学生倾注爱心，与学生建立平等和谐的合作关系。

厌学学生，他们敏感、压抑又叛逆，教师尤其要尊重他们的人格，要"动之以情"，切忌冷嘲热讽，而应多给一些赞扬、鼓励。老师耐心细致的育人精神会产生潜移默化的效果，使学生从内心对老师产生好感、敬爱和信赖，会在师生之间架起持久的情感桥梁。这种融洽的师生关系可以点燃厌学学生学习的热情之火，激发出他们学习的欲望。

1. 心平气和，身体力行，定能消除学生对教师误解

实践证明，用亲切的语言开展班级管理工作，能在较短的时间内消除学生对教师的心理戒备。如在布置工作任务或总结情况时，要多用"我们、我们班"这种第一人称，学生会感觉到教师与他们是同一阵线的；在说明活动的原因、目的时说"根据"、"考虑"，学生听起来觉得很安全，不像听到"针对"某某人和事那样紧张，充满"火药味"；老师叫学生时，只叫其名，他会觉得老师与自己是"平起平坐"的；在请学生帮忙前说"请"、"能否"，干完活后说"谢谢"、"辛苦了"，学生会倍感亲切。

在班级管理过程中，老师的思想、行为、作风和品质无时无刻不在感染、影响着学生。所以，身体力行是老师做好工作的前提。实践证明，在平时的工作中，老师若能做到始终把自己当作班集体普通的一员，严格遵守班规班纪，会对学生产生极强的说服力、感染力。学生对教师的心理防线也会慢慢地消失了。

2. 利用周记总结进行对话，促进师生间的默契

所谓"周记对话"是指老师首先要求学生把自己在学习、生活、工作、人际关系、家庭、心理等方面所碰到的疑难问题在周记中提出来，然后根据问题的不同性质通过笔谈、面谈或者讨论、主题班会等形式给予解答的一种工作方法。老师管理班级的过程，实质上是老师与学生之间的一种双向的情感交流过程。实践证明，"周记对话"最便于老师与学生进行心与心的交流，是师生之间情感交流的好途径。

事实证明，老师只要能持之以恒地与学生进行"周记对话"，是能够取得让学生"亲其师，信其道，效其行"的良好效果的。

3. 进行角色换位思考，以加深彼此间的了解

教师与学生的隔膜，缘于其角色不同，引起看人、处事的方法不同，这给班级管理工作的开展带来了困难。为此，作为一名老师，在开展班级管理工作时，一方面要常想到如果我是一名学生，我会怎样想、怎样做，

把自己置于学生位置去认识、体验和思考，要深入到学生中去了解他们的心理活动。另一方面应常引导学生思考，若你是老师，你应怎样看待和解决班上的人和事，这样既利于提高学生分析问题、处理问题的能力，还有利于加深师生间的了解，增进师生间的感情。

4. 注意提高批评的技巧，使学生与教师的心贴得更近，连得更紧

批评是班级管理工作中必不可少的一个内容。批评的难点不在于内容的尖刻，而在于形式的巧妙。为达到既教育好学生又不伤害师生间的感情的目的，我们应注重批评的技巧。

（1）带着微笑批评学生。批评是必要的，而微笑告诉学生，老师并没有孤立他、抛弃他。"笑是打开心门之锁，它是一种心与心的交流，眼与眼的感动。"当学生不遵守课堂纪律时，教师笑着摇摇头，他会心领神会，为自己的行为惭愧；当学生犯错时，教师微笑着了解事情的经过，与他讲解道理，并与他一起商讨处理问题的方法。此时的微笑能给学生一种真诚的关切，学生会痛改前非。

（2）个别私下进行批评，减少当众批评。学生都有很强的自尊心。他们把教师的肯定看作一种精神需要、一种上进的动力、一种有面子的事情。我们应力求满足学生这一心理需要。

具体方法有：①通过给学生传小纸条、进行"周记对话"等书面形式，悄悄地批评教育学生。通常情况下，不要把学生请出教室、带到人多的地方训斥，更不应动不动就把学生请到学校领导的办公室。②尽量避免在家长面前痛陈学生的不足之处。面对学生家长，应先充分肯定学生的优点，然后轻轻带出学生美中不足的地方，紧接着与家长一同商讨教育方案。这样做既不损家长的面子，也调动了家长的教育积极性，更重要的是学生认为教师够朋友，心甘情愿地听从教师的教导，师生相处就会变得水乳交融般亲密。

实际上，在班级管理中要建立起融洽的师生关系，是一项长期的、系统的教育工程，除要讲究技巧外，还要有持之以恒的精神。师生间一旦能建立起融洽的师生关系，班级管理就会变得得心应手。

总之，做好班级管理工作的方法有许多，实践证明，融洽的师生关系最能调动学生的积极性，是做好老师工作的一剂良方。

培养兴趣，树立信心

兴趣是最好的老师。厌学学生对自我价值有了新的认识后，随即就要开始自我实践，这种尝试结果的好坏是他们能否彻底转变自己的关键。

要尽量创造环境，让厌学学生在实践中培养兴趣，品尝到学习的成功感和趣味感，并逐步养成良好的学习习惯和正确的学习方法。

老师应认真地发现厌学学生所表现出来的良好、积极的学习态度和行为，从正面予以肯定，并不断强化，让他在前后比较中接受自我，认识到自己并非无可救药，而是能学好的，相信自己也是一个有能力、有前途、受尊重的人，改变自己旧有的观念。

当然，对厌学学生的评价必须客观、中肯、善意，不能讽刺偏激，以免增添逆反情绪。

配合家长的教育

家庭环境的好坏与否，将直接影响学生的学习和成长。通常情况下，厌学学生往往长期处于孤独、空虚、怨恨和失望的心理状态中，随着年龄的增长，家长应该尊重他们，与他们平等对话，而不应该把子女看成自己的私有财产，动辄采取打骂等粗暴的方法。这样容易使学生自暴自弃，产生对立情绪。

在批评学生时，就要注意场合和尺度，以激励为主，少用批评、责怪为妙。对学生学习上的任何进步都要及时给予肯定和表扬，让学生们尝到成功的喜悦。

关注学生的学习与变化过程，平时多交流、勤检查、常监督，为学生营造稳定情绪的良好环境。关注过程中的细节，与学生一起分析成绩好坏的具体原因是什么、学习方法怎么样、学习和玩耍怎样结合，扬长避短，让学生养成良好的学习习惯。

请家长是个敏感问题

在对某市的孩子进行的调查中，有将近90%的学生明确表示，他们很反感教师动不动就要请家长，只有少数学生认为教师要求请家长，说明教师还是非常在乎自己。

提起教师找家长，有的学生就一脸愤愤状："我最讨厌老师叫家长，有时本来是很小的事，可老师偏偏喜欢小题大做，把家长叫来一顿告状，看到父母在老师面前脸红红的，一个劲儿表示好好管教，我就知道回家自然避免不了要遭罪，家长越打我，我越恨老师。"

"我个人不赞成老师动不动就请家长的做法。"从事了20年教育工作，现已退休的一位教师说，"学校老师和家长本来都是平等的教育者，一起心平气和地交流学生的情况，沟通教育学生的心得体会和方式方法，这是无可厚非的。然而我们的老师动辄就请家长的情况却不是这样的。"

该教师指出，教师动不动就请家长，首先的问题是许多教师动机不纯，这不完全是为了教育学生，有时更多的是发泄自己对学生的不满；更有甚者，还有借家长之手惩罚学生的不良动机。其次是选择的时机不对。教师总是在学生在学校犯了错误、教师对学生的教育缺乏办法的时候请家长。再次，教师没把自己的立场摆正。教师一味强调学生出了问题就是家长的责任，就应该由家长来负责，就应该由家长来处理，做家长的责无旁贷，而作为同是教育者的教师在埋怨指责家长的时候，还把自己的责任推得一干二净。还有的教师甚至把家长当学生一样训斥，那就更出格了。

"学生在学校出现问题，教师肯定需要家长的配合。"教育学院一位教

授说，"只要不是教师无理取闹，教师一旦请家长，家长就应该积极配合。"

该教授指出，对于一个学生的教育，首先是家长，其次才是学校。因为，学生从一出生到上小学之前，家长对学生的影响最大；上学之后，学校、家庭、社会三方面的教育缺一不可。

"教师请家长，家长不应该有任何抵触情绪。"某教授说，"尽管学生上学后的主要教育由学校完成，但家长却不能完全把学生的教育推给学校，家长有教育子女的责任和义务。"

该教授尤其建议那些爱请家长的教师，尽管"请家长"是教师教育学生更有成效的一种方法，但因为学生的承受能力及家长的理解不同，产生的效果也会不同，所以作为教师可以换个角度处理这个问题，灵活机动地采用家访、写便条、打电话，或者发电子邮件之类的婉转方式，效果或许会更好一些。

减轻学生的负担

先来看看学生的诉苦：

数学作业太多，真的很多，我读高一，是上一届休读留下来的学生。数学作业跟去年比真的多了许多。

一个晚上布置好多项，书、本子、报纸、检测……没完没了，晚自习才不到 4 个小时，到家睡觉了也要 11 点，我睡眠又不好。

每天作业有 5 门以上，而数学一门就要做 2～3 个小时，有的同学一晚上就单做数学了。这实在很打击我们的积极性。第二天上课同学们没做完老师不高兴，虽然说话和颜悦色，然而讲一个题就要说我们两句，实在很受打击。

我知道老师是为我们好，因此也不能怪她，可是我兴趣真的越来越低了，怎么办啊……

另外，我这人比较固执，作业喜欢一样一样地做，有时候做完政治、历史就不想做物理、化学了。

昨天许多同学作业做不完，今天老师作业减少了一些，然而兴趣还是不大。

第一次月考47分，基本上是不想做了。

第二次87分，说实话我函数不太好，初中没努力，基础不扎实。然而三角函数还可以。

第三次才考71分，不知道什么问题。物理、化学都还可以的，能在七八十分上下，然而对于数学没什么自信，还有点恐惧……

老师布置的作业量大，致使我们作业写到很晚。每晚的睡眠不足使我们上课无精打采。双休日家长又让我们参加各种辅导班，也不管我们有没有兴趣。家长还要求我们每次考试必须在多少分以上，达不到要求，就会受到严厉惩罚。

像上面这位学生一样，当学生的能力达不到、心理承受不了时，就会厌学，有的干脆离家出走。所以，教师和家长要尽量减轻学生学业负担，结合中小学生心理特点施教，做到娱教于乐，劳逸结合。

帮助学生建立人际关系

学生不善于解决人际关系，同学朋友间的人际关系差，也是学生厌学的一个原因。因为学生来自各种不同文化、经济和涵养的家庭，他们的性格个性亦有很大差异，有些学生因为性格孤僻、不善交往，人际关系自然就差。假如教师和同学再对他们冷漠，他们就会更感孤独和不安，不良情绪，甚至厌世情绪就会产生。所以，对这些性格存在缺陷的同学，我们教师和同学都要伸出友爱之手，关心他们，帮助他们。教师的一个微笑、一句温暖的话、一个温柔的动作，都能让学生感到温暖。同学之间要互相帮助，让每个学生都能感受到班集体的温暖。

辅导的重点是帮助学生解决好人际关系中的矛盾冲突，引导学生在各种场合控制情绪，学会了解他人，体谅他人，正确解决冲突及因此所导致的不良情绪。

1. 积极鼓励学生融入到集体之中

根据测查，有 59.6% 的学生认为自己处于一个新的集体中时，会觉得交朋友不是一件容易的事。

当学生到一个新的班集体时，老师要多关注学生、关心学生，指导其参与集体之中，参加班级的各项活动，在活动中学习与同龄人交往的能力，让学生在集体中得到锻炼，例如让更多的学生轮流做学生干部等，促使学生积极、主动、向上、亲密的交往。

2. 教会学生一些必要的交际技能

交往之初，最先映入脑中的自然是仪表。健康而美的仪表会先入为主，给人以良好的印象。因此要教育学生衣着整洁，修饰得体。

交往就要交谈，人人都喜欢温文尔雅、礼貌周全的人。因此要时时处处注意学生的礼貌用语，不妨将这些用语张贴于教室。老师首先要起好表率作用，循序渐进，使学生耳濡目染，养成良好的礼貌语言习惯。

与人交谈时也有技巧可学。首先要有一颗与人为善之心，要有友好相处的愿望，很难想象有人愿意与自己深恶痛绝的人倾心而谈。在交谈中要学会倾听别人的心声，要用眼睛注视别人的表情，仔细把握说话人的一切语言和非语言动作。真心关注别人才能得到别人的关注。要用真诚的心关心人，帮助人，"他人有心，吾先度之"，这样才能获得真诚的友谊。

3. 引导学生自主处理交往中的矛盾

交往是多个人的事情，必然就会有意见分歧的时候。当学生中存在有矛盾时，老师不要包办代替处理，而要及时给以引导和启发，让学生学会共同协商处理问题，学会冷静分析，必要时让学生做一个角色换位。对于经常与他人有冲突的学生，要请心理辅导老师给予专业的指导。

4. 广交朋友，但不忘谨慎

俗语说得好，"近朱者赤，近墨者黑"。因为学生正处于身心发展时期，人生观、世界观还没有形成，其辨别能力比较差，思想较易受人影响和左右。对于交友，往往凭的是感觉和一时的意气。他们对于人生未来充满了灿烂的描绘，但却不知有时择友不慎会误入歧途。老师和家长，要密切关注他们的朋友，要了解他最信赖和愿意倾诉朋友的思想品德、学识，不能不闻不问，放之、任之。

5. 给学生适度的空间

虽然学生尚小，需要我们的关心和爱，但决不能对其交往横加干涉。因为中学年龄段，学生比较敏感，感情变得十分细腻，他们因对世界的更多关注，而有强烈的逆反心理。他们以为自己的翅膀可以在天空翱翔，渴望在天上飞，厌恶严格的管教和束缚，常常对于温暖的花房嗤之以鼻。因此我们要充分信任学生，给他们以尽可能多的自主的空间，让他们可以放开自我。我们要做他们的朋友而不是教官，要鼓励和培养他们的兴趣和爱好，鼓励他们的交往，决不能因噎废食，妨碍了他们正常的交往。

让学生坚信"我能行"

自信是一个人成功的必备武器，只要使学生相信"我能行"，面临的问题就迎刃而解了。

现在很多学生学习有困难或厌学，造成这种现象的原因是多方面的，其中许多都是因为某一次或某几次做某一件事情没有成功而留下了挥之不去的阴影，并且始终走不出来，教师对他们失败的冷漠甚至是冷嘲热讽又在不知不觉中起到了催化剂的作用，使学生逐渐丧失了信心。

上海市有一名青年老师曾写过一篇题为《走近语文教学的艺术殿堂》的文章，其中写到在一次作文讲评课上，让一个男生上讲台朗读，结果这位略有口吃的同学遭到了哄笑。

台下的同学们紧紧注视着他，课堂里一片死寂。沉默中，该教师突然意识到，自己初为人师的时候，不是也有过这种尴尬吗？于是微笑着跟同学们说："既然他不太习惯在众目睽睽之下说话，那索性我们大家都趴在桌上，不看，只用耳朵听吧！"

然后他带头走到教室后面，背对讲台站定，同学们也纷纷趴下头来。终于，讲台上传来了轻轻的羞怯的声音。这声音渐渐响亮了起来，停顿也不多了，有的地方甚至可以说是声情并茂了，这位同学终于渐渐进入了状态，台下早已经有许多同学抬起头，默默地赞许地注视着他。朗读结束后，教室里响起一阵热烈的掌声。这掌声不仅仅是给予这篇作文的。

许多教师都遇到过类似的事情，但回想一下，能有几个教师能这样利用自己的教育智慧，使一名口吃的学生在大庭广众之下找到了自信。所以，我们应该改进教学方法，让学生坚信自己能行。

教学需要多一些智慧

为什么中小学生会出现厌学状况？其根本原因也许是我们的老师缺乏因材施教的智慧。一个缺乏智慧的老师，自己缺乏分析问题的能力，许多时候都是依赖解题答案才知道解题方法，因为缺乏有效的解题分析方法，"题海"就不可避免，学生感到累也在所难免。

假如想要让学生做到不厌学，那么教师就必须学会做到三点：

1. 不要让学生感到学习太累。

2. 不要让学生觉得题目太难做，没有成就感的学生哪能不厌学？

3. 不要让学生觉得所学的知识太高深，远离现实生活。任何一个人，对一件自认为没有什么益处的事是不会投入更多的热情，不会很自觉地去做的。与现实生活没有丝毫关联的学习，学生怎能不讨厌？

有些教育缺乏智慧，一个重要特征就是不能让学生学以致用。学习是学习，生活是生活，学习内容与学生生活几乎没有任何关系。

处理生活问题本身就是一个思维和学习的过程，有效的思维方式能给处理生活问题带去许多便利，有时甚至是有了思维方式就有某个生活问题的处理方法。

生活中的思维方式，经常也能在学生学习上得到体现。某老师在高中数学教学中，在讲解数学思维方法时，就经常把数学解题分析方法与人们生活中常用思维习惯相联系。让学生在教学中经常感受到数学思想方法是生活中普通思维方式的一种提炼而已，是在人人皆有的思维基础上的一种提高，从而让学生觉得解题分析和解题思想方法都不难。一种学生感觉不难且觉得对自身有用的知识，学生当然就不会讨厌了。

所以，教学的思路是：要让学生从厌学情绪中走出来，实际上很简单，就是让学生觉得学习不是件很讨厌的事。现实的许多问题并不是没有处理方法，而是我们老师不愿有或根本就没有必须处理这个问题的意识。所以，假如老师都能把"如何让学生走出厌学情绪"看作一个自己必须处理的问题，那么这个问题就有可能很好地被处理。否则，纵然有千百条处理问题的方法，老师倘若不用，那一切都是枉然。

用心感动你的学生

电视上的一个节目，说的是东北一个小学老师这些年找回了100多个辍学的学生。有一次，他冒着大风雪赶了20多里路到一个辍学学生家，什么道理都没讲，学生第二天就来上学了。是这位教师的行动和真情感动了家长和学生。

由此不得不让人想到，要想医治学生厌学的心理，教师们是不是应该考虑先付出自己的真情？对于那些喜爱学习的学生来说，他们可能更佩服一个老师的课堂教学艺术，但对厌学的学生来说，他们更在意的可能是教师是否真心关心自己，是否愿意倾听他们的感受和学习的苦恼。这是需要靠感情来治疗的。

现在厌学的学生往往都是没有明确的学习目的，家长对他们好的那几天，他们是为了父母而学，但因自己在学校的不良表现，也就难得有几个家长对厌学的子女好，因此他们为父母学习的动力不会持久。但假如他们天天面对的老师总以慈祥而亲切的目光注视着他们，真心地爱护他们，他们就会为了教师而学，逐步转化以后，他们的学习目的就会明确了，也就持久了。

为了追求中考和高考的升学率，我们很多教师把越来越多的精力都花在了钻研教材和考试说明上，也花在了如何选更多更好的模拟题搞针对训练上，但却把对学生——学习的主体的研究忽略了：没有研究学生是不是想学，没有研究他们对题海的承受限度，也许也没有把他们真正作为有感情的人，而是把他们当作不断考试的机器！在年复一年的重复抄写和训练中，许多学生失去了对获取知识的兴趣；在一次次违反校规校纪被请家长挨打挨骂后，学生厌恶了上学；在经常受到教师的批评和训斥后，学生害怕和疏远了教师。在这种情况下，我们又怎么能使学生喜欢学习呢？

先感动你的学生，这时可能不用给他们讲学习的重要性，他们也知道要认真地学习了。

课堂教学要富于变化

老师充分发挥才能的阵地主要是在课堂，因此想要让学生喜欢学习，首先要在课堂上下功夫。平淡的、毫无趣味的说教只能使学生陷入昏昏欲睡的状态。

课堂教学内容富有变化，多姿多彩，老师的表情要随教学内容的变化而变化，带有感情色彩的讲解会使讲堂生动、感人，充满吸引力。老师表情的变化要自然，不要做作；要适度，不要过分夸张。更不能板着面孔、毫无生机、眉头紧锁，以一副痛苦的表情面对学生。有任何情绪也不能带到课堂，要以微笑见学生。教学中运用的手势、眼神、身体运动等变化是老师教学热情及感染力的具体体现。声音的变化可用来暗示不听讲或影响其他学生听讲的学生安静下来。在讲解或叙述中适当加大音量，放慢速度，配合肢体语言来起到强化重点的作用。应充分利用目光的变化与学生增加感情上的交流，可以通过目光的变化对那些讲堂上注意力集中、思维活跃、回答问题积极踊跃的学生表示赞许、表扬和鼓励，也可对那些听课不认真、交头接耳或做小动作的学生暗示批评。老师期待的目光对学生来讲是一种莫大的鼓舞。

在课堂上，老师应当把微笑作为面部表情的基本形态。老师的微笑会给学生一种和蔼可亲、热情开朗的印象，也往往是对学生的一种鼓舞。它能使学生保持良好的心态，使课堂上产生和谐的气氛。很多优秀老师都懂得微笑的重要意义，即使在十分疲倦或身体不适的情况下走进教室时，也总是面带微笑。

如何转化厌学生

"人性最深刻的原则，就是希望他人对自己能够加以赏识。"这是美国心理学家威谱·詹姆斯的名言。素质教育要求全面提高学生素质，面向每一个学生。这无疑对改变厌学生来说是一个好机会。在素质教育中，他们在得到关心、爱护的同时，他们的优点也可以得到进一步赏识。而这些正是他们以前所缺少的。

1. 晓之以理、动之以情，给学生们以勇气

常言道："人非草木，孰能无情。"厌学生常常被遗忘，要想使他们在短期内由后进变先进不大可能。这需要一个过程，只要我们多接触他们、了解他们，找到他们身上的闪光点，给他们讲清道理，注意他们一点点的变化，用爱心、用真情去感化他们，精诚所至，金石为开，他们会改变的。

2. 循序渐进、持之以恒

严师出高徒，然而凡事都得讲个度，任何事物变化都有一个过程。因此，对厌学生的改造也要有一个循序渐进的过程，更何况是一个中学生。对于厌学生首先得给他们分分类，看看他们属于哪一类，只有弄清病根才

能对症下药。

3. 挖掘闪光点，增强学生自信心

人人都有优点，如同人人都有缺点一样。再好的学生都有缺点，再差的学生也有优点。在班级多开展一些活动，以便给他们提供展示才华的机会，这样可以让厌学生展现自己闪光点，还可以让他们受到别人的尊重。

4. 宽　　容

厌学生往往缺点比较多，而且有些毛病是在较长时间里养成而变为习惯的，要求他们在短时间内改掉所有的缺点，那是很不容易的。对厌学生要求过高，欲速则不达，有时还会让他们走向反面。所以，老师对厌学生有时必须采取宽容的态度，这对教育转化工作是大有裨益的。宽容，不是对厌学生的错误行为视而不见，而是对其思想反复的理解和信任。

总之，让我们每个人都去克服主观上的"晕轮效应"。这属于心理学范畴，指人们对他人的认知判断首先是根据个人的好恶得出的，然后再据此推论认知对象的其他品质。用我们诚挚的心，真诚的爱，去善待每一个学生，使每一个学生都得到全面发展。

 篮球改变一个孩子

某教师回忆他在新生报到的时候，一眼就看到了坐在教室最后一排那个男学生，他头发特长，上身穿着印有篮球队字样的红背心，下身穿肥大的牛仔裤。凭经验，他就知道这同学应该属于难管理的厌学的学生。

果然不出所料，从家长那儿得到的"情报"：该同学一直没有较好的表现，到了初中就已经有了厌学情绪，一天到晚只知道打篮球，无论家长怎么劝说都没有作用，结果他中考落榜了。但为了学生将来能有一个好前途，苦心的家长还是花了很多精力选择了这个学校。得知这些，教师马上就想到了处理问题的突破口。

开学后先是严格的军训。军训期间有全年级篮球赛，该老师于是决定

先在班级成立一个篮球队，因为该同学的篮球打得的确不错，因此在教师"故意"的提议下，同学们一致同意他当选篮球队队长。最终，班级在他的带领下取得了第二名的好成绩。

就在军训结束送走教官的那天晚上，师生二人促膝谈心。教师首先祝贺该同学获得了"军训积极分子"的荣誉称号，说自己已经看到了一个积极向上、吃苦肯干而且很有组织能力的好学生。马上要正式开学了，教师更希望他能在学习上加把劲，成为一个各方面都有进步的学生！

该同学非常感激地点点头。教师于是趁热打铁，与该同学约法三章，要求他每天能认真听课，认真完成作业，要求他每一次测验都必须有进步，否则中止他的篮球队队长职务，直到下一次有了进步为止。

尽管后来在"师生斗法"的具体的施行过程中，教师也遇到了一些不太顺利的情况，但就这样，该同学逐渐改掉了以前的许多不良习惯，开始认真学习，到第一学期期末考试时，基本上各科成绩都能达到班级平均分了。高二分班，该同学去了其他班，但总还能不时听到他进步的消息。高考前夕，他因篮球特长突出而被某高校提前录取。

有一位教育家曾经说过，教育就是"要用心灵去塑造心灵"。要改变一个学生的厌学情绪和不良行为，是一个细致的工程，不能光靠简单的高压政策，我们应该将爱渗透到对学生的了解中去，因势利导，在交融中帮助他们认识自我，改进自我，完善自我。没有想到，这小小的篮球就能改变了这学生的一生！

作文评级的妙用

有一位语文教师刚接该班时，班上绝大多数学生都害怕写作。作文课的时候，几乎无人主动发言，死气沉沉；学生作文的内容千篇一律，情节平平淡淡，语言干干瘪瘪，十分乏味，情感严重缺失。

但是，通过一段时间的努力，学生们不仅写作热情高涨，课堂气氛热烈，而且很多学生已经把写作当作表达心声的途径，当作一种乐趣，甚至还自发组建了一个晨露文学社，创办了《晨露》报。

学生写作的态度变化为何如此之大？不是别的，一切缘于"红星"。

这位教师意识到，对学生评价应具有开放性的特征，也就是不同层次的学生应用不同的标准去衡量。所以，教师在批改学生的习作时，只要是学生尽心尽力，充分体现了自己水平的作文，他都打了优，以此来充分调动学生写作的积极性。

但是，不同水平的"优"，又该如何区别呢？如何进一步调动优秀学生的积极性呢？经过反复思考，语文教师决定用加"红星"来比较，"红星"越多，代表写作的水平就越高。于是语文教师开始尝试在作文批改中加"红星"，没想到这个无意之举竟然在学生的写作上起了巨大的激发效应。

事隔不久，学生的写作面貌大为改观。每次写作刚交上来，就有一部分学生迫不及待地想看到自己的等级，想数出得到的"红星"数。语文教师也总是竭力满足他们，放下其他事，先批作文。为了得到"红星"，学生个个都认真写作文。有的学生为了得到更多的"红星"，竟会花几天时间去思考，真正达到了"士别三日，当刮目相看"的效果。

"红星"代表了学生的一次写作的水平，是激发学生兴趣的直接动机。为了得到它，学生宁愿付出更多的劳动。然而，个别学生仍会因为客观原因而产生反复的情况。对此，语文教师又积极寻求能维持学生兴趣的方法。经过一番思考，他决定在期末开展作文能力等级评定，于是宣布：期末将对同学们的写作做总的评估，并由文学社、学校共同颁发精美的"红星"级别证书。

具体办法是：把本学期所有的写作的"红星"加起来，减去应减的"红星"（一次良好减 1 颗，一次及格减 2 颗，一次不及格减 4 颗），再除以写作总篇数，所得的结果就是本学期的"红星"级水平。在这种鼓励机制下，学生们持之以恒地写好每次的作文，人人力争在期末获得"红星"级证书。

在这个"红星"机制的触动下，学生每次写作，都全力以赴。"红星"

机制有效地维持了学生的写作兴趣，促进了写作水平的持续提高。上学期，该班写作文、小作文、日记共76篇，通过计算，评选出10位"红星"级学生。其中，两位同学排行榜首，为"四星"级。学生对写作产生了浓厚的兴趣，形成了爱读书、乐表达的良好习惯。良好习惯又反过来促进了写作水平的提高，形成了良性循环。

培养学生的学习兴趣

这些年来，很多孩子，甚至是幼儿园儿童，参加课外补习班、特长班的热潮一浪高过一浪，少的参加1~2个班，多的甚至达4~5个班，学生几乎没有休息和娱乐的时间，睡眠严重不足，降低了课堂上学习的效率，严重影响了青少年的身心健康和正常发育。

现在厌学的学生比例非常大，这大都与繁杂的作业和家长的教育方法不当有直接关系。学生被各式各样的学习压迫得没有了学习兴趣，长期这样下去，就是把学生埋在书里也不可能真正学到知识，即使是暂时考好了，也不会长久，因为知识没有转化成自己的东西，最后也许只是个高分低能的书呆子。

有些孩子在完成繁重的作业后，家长仍然层层加码，目的是提高孩子的学习成绩，可是冷静地想一想，长此以往能不能真正提高成绩，是一个值得思考的问题。一个孩子，特别是小孩子，没必要给他灌输大量的知识，因为他根本消化不了，在这一阶段只要培养他浓厚的学习兴趣和良好的学习习惯就足够了。学习是一个比较漫长的过程，需要耐力，需要韧性。

有很多家长反映，孩子学习的时候不踏实、坐不住，一会儿喝水，一会儿上厕所，反正总是有事，这背后的根本原因就是没有培养出浓厚的学习兴趣和良好的学习习惯。法国著名启蒙思想家、教育家卢梭曾说："要启发儿童的学习兴趣，当这种学习兴趣成熟的时候，再教给他学习的方法。"

要想孩子学习好，首要的事情，就是要让孩子对学习产生兴趣，这才抓住了教育孩子的根本。学习应该是一件快乐的事情，可是传统的教育观念，打击了孩子学习的积极性，使学习变得痛苦不堪，令孩子望而生畏，不时原地踏步。

实际上，让孩子快乐学习也不是一件难事，家长只要懂得如何引导、有耐心，是可以做到的。例如，学习的时候，单次学习时间不宜过长，并且告诉他写完作业后可以干他喜欢干的事，如到户外活动、看电视、玩游戏等，这样慢慢地可以提高学习的速度和效率。应该坚持这样一个理念，就是宁可要一分钟有效率的学习，也不要一小时无效的学习，在孩子不够专心时，不如干脆先让孩子玩。平时，有一点成绩和进步就给予肯定和表扬；遇到困难时，给予鼓励、引导，最忌讽刺和挖苦。

至于培养良好的学习习惯，就是让孩子学习时安心、踏实、善于动脑，这需要家长的经常指点，可以教孩子一些学习方法。如背语文课文时，通常孩子没有经验，急于求成，恨不得马上背下来，往往欲速则不达，结果耽误了很多宝贵的时间；更严重的是容易挫伤孩子的学习积极性，错误地认为自己比别人笨、不是学习的料，以后对要求背诵的东西非常畏惧。家长可以指导孩子先将课文、段落划分层次，按照层层意思熟读，因为要求背诵的课文都是经典作品，层次清晰、语言优美，这样会大大缩短时间，也慢慢树立起了孩子学习的信心。因为语言环境的原因，学习英语普遍感到困难，而一旦落后，以后的学习就很难赶上，陷入了恶性循环。小孩子初学英语，主要任务是背记单词，可采用联想记忆的方法。

真正意义上的好孩子是有浓厚的学习兴趣和良好的学习习惯的，绝不是眼前的考多少分、得多少名的孩子。"望子成龙"的家长们要明白这一点。

"拖堂"原因一箩筐

作为过来人，我们都有过上课"拖堂"的亲身经历，特别是参加中、高考的"主课"老师拖堂现象尤为严重。现将"拖堂"的原因分析如下：

1. 部分老师往往不能根据课堂时间安排教学内容，有意利用下课时间多讲点教学内容。

教学中计划不周，考虑不全，不能很好地随机应变，灵活解决；对于整个的课堂结构安排以及其他影响教学进程的因素，不能从全局通盘打算并加以有效控制；津津乐道于个别的、琐碎的知识传授，抓不住重点；教学主观随意，缺乏科学性。往往兴致一来，便沉溺于自己的表演之中，或旁征博引，或满堂绕，一旦本人醒悟过来，也快下课了，只好"拖堂"……这样，这里"悠"点时间，那里"悠"点时间，而那些应讲授的内容只好"悠"到 45 分钟以外去了。尽管教师可以找出上百条理由为自己"拖堂"辩解，但其根本原因则在于老师。

2. 老师所讲的内容过多、过细或补充课本以外的知识过多而完不成预定教学计划。

应当说，以传统的灌输型的教学模式上课是引起一些老师拖堂的重要原因。有些老师的教案是讲稿，课前把必须要讲的写得满满的，上课就开始"演讲"，而很少让学生去动口、动手、动脑；讲着讲着，忽然发现收不住了，但还得硬着头皮讲下去，结果自然是免不了要拖堂的。而一些从不拖堂的老师，尤其是优秀老师，虽然也备讲，但不是唯"讲"是"大"；而会轻松自如地驾驭课堂，该讲则讲，该听则听，该活动则活动，并会不时地引导学生发问；一节课时间安排得张弛有致，疏密相间，课堂气氛轻松，时间一到，戛然而止，哪会拖堂呢！

3. 老师不是很了解学生，对学生能力估计不准，担心学生不能完全消化所讲的内容，就讲许多具体的事例帮助学生理解抽象的知识而浪费了时间。

4. 老师时间观念不强，喜欢在课堂上讲题外话而又不能及时"刹车"，如讲故事、笑话、新闻等。

5. 个别老师课堂容量大，讲课时语言又不精练、啰唆，习惯"拖堂"讲习题。

6. 学生上课纪律不好，老师花大量时间搞思想整顿，或学生与老师配合不默契，拖延了教学时间。

7. 老师没听见下课铃声，或物理、化学实验器材出了故障。

真诚地希望喜欢拖堂的教师转换角色，站在学生的角度上改变拖堂的习惯，还学生课间 10 分钟的自主权；而教师，给辛苦的自己一个难得的 10 分钟休息时间，也是必不可少的。

治"拖"的药方

因为"拖堂"违背教学规律，增加学生负担，不利于学生身心的健康成长，应有治"拖"之良策。

1. 治标的办法

（1）学校应有相关的校规：老师走上讲台，要有时间观念。无论讲到哪里，一旦下课铃声响起，讲课必须停止，"逼"着老师改进教学，力争 45 分钟把课讲完。

（2）掌握中学生有关的心理和生理知识。这样就会对人体机能的承受能力产生理性认识，对"拖堂"的弊端有清醒的评价，从而主动避免这种现象。

（3）搞好课堂设计。在备课时精心推敲每个教学步骤，认真计算每个教学步骤所需的时间，做到突出重点，环环相扣，步步紧随。在授课时做到能"一针见血"的决不"兜圈子"，能"一次到位"的决不"炒冷饭"，能不提问的尽量不提问。这样就能有效地保证教学环节的流畅、紧凑，这样才能避免教学环节中出现松松垮垮的现象，才能降低教学时间的损耗。

（4）改变教学手段。老师应充分利用学校现有的教学设施和教学资源，如小黑板、幻灯机、电脑等多媒体教学手段或远程教育等相关资料。

（5）在行动中强制执行。听到下课铃声要立即休息。有时发挥过度，下课时尚有未讲完的教学内容，这时也要服从时间安排。虽然这次教学计划没完成，但可以提醒自己对这类事情要高度重视，以便日后改进。

为人父，我们望子成龙；为人师，我们更愿桃李满园。俗话说得好："好事不在忙上，心急吃不了热豆腐。"愿我们广大的老师们，紧随时代的步伐，勤于接受新事物、新思想、新理念，不断加强自身业务知识的学习，精研教材，精讲精练，提高效率，不占用学生的休息时间。这样，"拖堂"这一不良现象就会永远消失。

2. 治本的策略

医治"拖堂"根本还在于老师提高素质——主动钻研业务，拓宽理论视野，更新教育观念，虚心请教他人。老师要在先进的、科学的教育理念的指导下进行备课，在认真钻研教材的同时，更应从全局、整体的高度上把握教材，根据学生的实际需要设计教学。在联系生活、探究教法、服务学生方面，多动动脑筋，使整个课堂教学设计在 45 分钟内既实现大纲教材的目标，又能符合学生的心理特点，使每个学生的素质都有不同程度的发展。

总之，要彻底根除"拖堂"现象，关键是一个教育思想是否转变的问题。是走高耗低效的老路，还是提高效率向 45 分钟要质量？是加重学生负担，还是减轻学生负担？就教育主管部门而言，也应出台一些法规措施，下大力气，坚决取缔一切拖堂现象，使课堂教学更加符合教学规律。

表扬学生的 100 句话

好学生是夸出来的，鼓励出来的。夸奖，特别是对于帮助学生建立积极向上的情绪和自信心，是有着极其重要的作用的，在教师和学生们的沟通中有时更能起到事半功倍的效果。

很多教师虽然也明白这个道理，但有时却限于自己的语言知识的匮乏，对学生表扬的言语总是那么几句，以至于有时都不能够完全表达出自己想要表达的意思了。《36天，我的美国教育之旅》这本书把在美国的教育之旅中美国的教师表扬学生的100句话记录了下来，特此摘录下来，供教师们借鉴：

1. 哇！

2. 就这样干！

3. 你很特别！

4. 你是优异的！

5. 非常好！

6. 好极了！

7. 好！

8. 利索！

9. 干得好！

10. 杰出的！

11. 我知道你能做好！

12. 我为你感到骄傲！

13. 超级巨星！

14. 干得漂亮！

15. 看上去很不错！

16. 你是最棒的！

17. 你很受欢迎！

18. 你做到了！

19. 多么聪明！

20. 做得不错！

21. 太出乎意料了！

22. 太惊人了！

23. 出色的工作!

24. 你很漂亮!

25. 你是个赢家!

26. 你让我快乐!

27. 好,好!

28. 太好了!

29. 你很重要!

30. 你很有价值!

31. 你很美丽!

32. 你很迷人!

33. 你已选准目标!

34. 你正在实现自己!

35. 你多么完美!

36. 你很与众不同!

37. 你使人很愉快!

38. 很棒!

39. 很好的工作!

40. 让人满意的工作!

41. 你真行!

42. 现在没有什么能阻碍你了!

43. 精力充沛!

44. 你太棒了!

45. 你让人敬畏!

46. 你很宝贵!

47. 非常棒的工作!

48. 你发现他的奥妙了!

49. 看,太好了!

50. 伟大的发现!

51. 你很有责任心！

52. 你使人激动！

53. 你很有趣！

54. 你是真正的勇士！

55. 神奇！

56. 了不起！

57. 你在长大！

58. 你做得很好！

59. 你很努力！

60. 你完成了！

61. 你是个好听众！

62. 你是一笔财富！

63. 你让我收获许多！

64. 你是个好朋友！

65. 太对了！

66. 给你一个热烈的拥抱！

67. 想象力太丰富了！

68. 你掌握得很准确！

69. 你很惊人！

70. 你现在非同寻常地进步！

71. 你真勇敢！

72. 漂亮！

73. 我喜欢你！

74. 我崇拜你！

75. 你很棒！

76. 你真伟大！

77. 不平常！

78. 很称职！

79. 为你喝彩！

80. 你是与众不同的！

81. 你很细心！

82. 有创意！

83. 成功属于你！

84. 你照亮了我的生活！

85. 做得极好！

86. 那最好！

87. 你创作了我的生活！

88. 我爱你！

89. 美好的分享！

90. 你是我的全部！

91. 你很重要！

92. 你是我最棒的朋友！

93. 你是个快乐的小精灵！

94. 你让我笑了！

95. 你是我的宝贝！

96. 我相信你！

97. 你很完美！

98. 你很出色！

99. 来个吻！

100. 突出的表现！

差异教学不可忽视

　　教师要怎样才能提高课堂上教学效率？怎样才是"高、快、好、省"的教学捷径？对此仁者见仁，智者见智。

中国目前中小学普遍采用的还是班级授课制，班级授课制的主要依据是同一年龄阶段的学生的身心发展水平大体相同。但因为性格、兴趣、智力、环境等因素的影响，学生不可能都是一个样本，即使同一学生也不可能一成不变。因此忽视学生的差异，一刀切的原有教学模式不符合学生的成长规律，而差异教学就是在承认学生个体间差异和个体内差异前提下应运而生的。

所谓差异教学，是指在班集体教学中立足于学生个性的差异，满足学生个别学习的需要，以促进每个学生在原有基础上得到充分发展的教学。布鲁姆认为，教学改革应该逐步进行，择优而留。班级教学虽然有一些弊端，但仍是不可完全抛弃的形式，具有个别化教学不具备的教育作用。例如，学生之间相互激励作用对学习的影响，集体生活对学生的社会品质形成的作用等。所以差异教学以班集体的形式进行，并不打破原来的班级界限，兼有班级教学和个别化教学的双重功能和特点。

在实际的教学中，因为学生的智力因素、认知方式、学习能力和知识基础存在着客观差异，假如按照统一标准、统一要求进行教学，不利于学生在不同层次上得到发展。所以，教学中，应"正视差异、利用差异、消除差异"，使每个学生得到适合自己的发展。这种根据差异而进行的教学不是让学生各行其是，任意而为，而是针对学生遇到的不同问题而教学，是学习问题的差异教学而不是学习内容的差异教学。针对问题而教学正是差异教学的真谛所在。

当然也正是因为这些差异的存在，他们的发展也是有差异的发展。

 差异教学的好处

1. 有利于素质教育的实施和推进

素质教育是一种使学生在全面发展的基础上获得个性发展的教育。实施素质教育，就要为学生的全面发展创造良好的条件，就要坚持面向全体

学生，努力开发每个学生的潜能。

过去的一些教育主要重视升学有望的学生，也就是重视所谓的优等生，而忽略了"成绩不良者"的某些方面灵性的发展，不能面向全体学生。差异教学会根据学生的需要、知识和能力等，为他们确定不同的学习目标，采用适当的教学方法，是体现学生为中心或者说是面向全体学生的。

2. 有助于开发学生潜能

面向全体学生，并不意味着将学生个体间的差异扯平，使他们齐头并进，而是提供适合他们各自特点的发展方式，促进每个人都得到充分发展。必然坚决克服用"一个模子"来培养人才的倾向。

长期以来，在教学实践中存在着过于追求表面知识或知识外在化的工具主义价值取向。老师实施的讲堂教学缺乏灵活性、自主性和独立性，致使学生处在一种狭小的学习空间，沦为缺乏个性、缺乏创造力的知识的储存器。学生时期被说愚笨、长大取得杰出成就的人就有许多，如著名科学家爱因斯坦。这种个体内的差异，是因为当时学校教育不适合他们，没有充分发挥他们的潜力造成的。

有鉴于此，差异教学从关注个体间和个体内的差异出发，老师采用差异教学为学生创设一个有助于其生命力充分生长的和谐、宽容、平等的教学情境，把学生的生命力激发出来，使学生的潜能得以最大限度的发挥。

3. 真正体现了学生间的民主、平等

差异教学对全体学生的关注，基于以人为本的思想，表现为教育民主化。教育民主化问题的核心内容是"教育机会均等"的问题。在传统平等观的影响下，中小学教学长期以来追求统一目标、统一课程、统一考核，这种"一刀切"的做法影响学生多元化的发展，造成学生的片面发展。老师为班内所有的学生提供形式和内容完全相同的教学，这似乎实现了平等。实际上，这种平等只是一种机械的平等、形式上的平等，不可能为学生的发展提供平等的机会。正像亚里士多德所说："给同样的人不同的待遇，给不同的人同样的待遇都是不公平的。"

差异教学从学生个性的差异出发，在教学中面向全体，照顾差异，为学生提供均等的学习机会；充分估计到学生的学习潜力，平等地对待学生，允许他们异步学习，使大多数学生的学习效率、学习能力、学习动力等都达到较高水平；使学生的能力得到最大限度的发挥，促进教育真正意义上的民主、平等。

差异教学的具体方法

差异教学认为，有效照顾学生的差异，要从教学的整体上来构建教学策略体系，应分别从教学目标、教学内容、教学过程、教学方法、教学组织形式等方面全方位地适应学生的差异性需要。

1. 确立挑战性的教学目标

课堂教学目标，是指教学活动主体预先确定的，在具体课堂教学活动中所要达到的利用现有技术手段可以测度的教学效果。我们的语文教学，通常是根据班上的平均水平制定全班统一的教学目标。课堂上的教学目标通常先由老师制定。老师要密切结合教学内容制定目标，然后再揭示目标，让学生人人明白。教学目标的揭示，可将目标直接公布在黑板上，也可用迂回的方法。

如教古诗时，教师可先在黑板上出示下列要求：①学习古诗，了解诗意；②诵吟古诗；③根据古诗内容，用现代文写一则小故事。然后要求学生从中挑选自己做得最好的一个介绍给大家。学生的学习兴趣马上高涨，有了明确的目标，也易于操作，能收到较好的教学效果。

2. 设置不同需要的教学过程

"老师适应学生是整个教学过程的统一。"在班集体教学中，老师要努力兼顾不同学生的需要，设置不同需要的教学过程。教学环节是教学过程展开和发展的基本程序，老师应在各个教学环节中都兼顾学生的不同需要。如果只是在一节课将结束、学生完成作业时才来兼顾，如果仅靠最后几分钟才来开始个别辅导，那么，教育是难以奏效的。

兼顾并不占用多少课堂时间，譬如老师演示时，对学习有困难的学生，可以多向他们做些演示，在集体动手操作时可以让困难学生同桌间相互帮助。要能在课堂教学中兼顾不同学生的需要，关键在于老师课前要精心设计教学环节。

在教学中老师将各种程度的问题有机地穿插，分别提问不同程度的学生，通过这些问题使全班学生比较完整地了解课本内容，尤其是让那些理解有困难的学生，借助于其他同学的回答加深理解。

3. 采用灵活多样的教学方法

教学方法是老师组织学生进行学习活动的动作体系，在讲堂中要兼顾学生的不同需要，教学方法和手段要多样而灵活。不同学生往往对不同教学方法的适应程度各有差异，有的学生通过听觉学习效果好一些，有的学生通过视觉接受能力强一些，还有的学生通过触摸、动手能形成最有效的学习通道，学生的思维能力、思维方式也有所不同。这就要求老师在充分理解学生的基础上，注重在课堂教学中兼顾学生的不同特点，采用多样、灵活的教学方法，实施差异教学。

比如讲解《胡同文化》一文时，借助多媒体手段展示北京胡同风貌，将之与南方的弄堂对比，让南方的学生对北京胡同不仅有一个直观印象，也能理解作者为什么说中国的文化是封闭的文化，北京人是安土重迁的了。运用多媒体教学等手段，在讲说明文时尤为管用。若是在讲类似于《春》的写景抒情散文时，适当地加点鸟鸣声，整个课堂都会充满欢喜的气氛，学生也能进入那种意境，走进作者的内心。

4. 营造良好的课堂教学氛围

传统的课堂教学仅仅是从传授知识技能的角度来组织。但实际上，学生在课堂上的学习不仅仅是通过听讲和思考，还要通过经验和情感来获得知识，获得态度和价值的。课堂上假如缺少温暖和谐的师生关系，缺少多向沟通；假如老师不具备移情、积极关注和真诚等，就难以引导学生真正有效地学习。

良好的课堂氛围与问题设置密切相关，问题不宜过难或过易。问题太难，学生无从下手，可望而不可达，长此以往学生容易丧失信心和兴趣，影响课堂效率；问题过易，学生不用思考便能回答，不具挑战性，即使答对也无成功感，同样也会影响课堂效率。因此老师了解了学生差异后再设置不同难度的问题，使不同层次的学生都能获得成功的体验，使他们"跳一跳便能摘到果子"。如讲解《我的空中楼阁》时，找出文中拟人、比喻的句子，这类答案唾手可得的问题可以交给基础不太扎实的学生回答；分析到作者为什么那么写，与他的心态、背景有何关系，这一类拔高性的问题时可以让分析能力强的学生回答。不同的学生在原有基础上都有了进步，都尝到成功的喜悦，整个课堂的教学效果也就大大提高了。

在课堂教学中，老师对学生差异的兼顾，应贯穿于教学的全过程，特别要在教学的重难点、关键处下功夫，而不只是在练习时或一节课结束前的几分钟才照顾学习困难生或有特殊需要的学生。老师兼顾不同学生的需要，方式方法是多种多样的，并不只是个别教学才是对不同学生的照顾。有时老师的一个手势、一句话，对于学习困难生，无疑是夏日里的一滴甘露，滋润人的心田。

总之，差异教学重视人本身的发展，强调老师教学要以学生为中心，采用多样化、个性化的教学策略，促进每个学生最大限度地发展。差异是必然的，差异教学的探索是无止境的。作为一名教育工作者，"为了每一位学生的发展"是我们毕生的追求和理想。

最近发展区理论

"最近发展区理论"是维果斯基的观点，他认为孩子的发展有两种水平：一是孩子的现有水平；二是孩子可能的发展水平，也就是儿童在他人帮助下能够达到的发展水平。因为在他人帮助下，儿童表现出了更高的智力水平，与其已经达到的认知水平之间存在一段差距，维果斯基将这一距离称之为儿童的"最近发展区"。它意味着儿童在最近的将来能达到的发展水平，包含着儿童发展的潜能，可以用来标志儿童发展的趋势。而潜能正是发展的必然性，代表着发展的蓓蕾，正是教学可以利用的、来自儿童发展内部的积极力量。假如教学能够按照儿童的"最近发展区"来设计和实施，也就必然能促使儿童获得"原则上为新的东西"，从而使教学既不仅仅跟随儿童已有的发展成果，也不是对儿童的简单机械灌输，而是真正建立起教学与儿童发展之间的桥梁。因此，维果斯基曾指出："我们至少应该确定儿童发展的两种水平，假如不了解这两种水平，我们将不可能在每一个具体情况下，在儿童发展进程与他受教育必然性之间找到正确的关系。"

由此可见，根据"最近发展区"教学必须遵循因材施教的原则，从孩子整体而言，例如一个班，教学应面向大多数孩子，使教学的深度为大多数孩子经过努力所能接受。这就得从大多数孩子的实际出发，考虑他们整体的现有水平和潜在水平，正确解决教学中的难与易、快与慢、多与少的关系，使教学内容和进度符合孩子整体的"最近发展区"。如遇到较难的章节时，老师可以添加一些为大多数孩子所能接受的例题，不必全部按照课本的照搬，防止"本本主义"，以便各有所获。对于个体孩子来说，有的孩子认知能力强，兴趣广泛，思维敏捷，记忆力强，他们不满足按部就班的学习，迫切希望老师传授给他们未知的知识，要求更有深度的广延。老师应根据他们"最近发展区"的特点，实施针对性教学。而有的孩子成为学困生，是因为教学不符合他们的"最近发展区"。在课堂教学中要注意这一批孩子。

比如，讲"求证：对角线相等的梯形是等腰梯形"这一例题的教学过程中，对于理论基础较差的孩子来说可能听不懂，为了使孩子各有所得，老师可以提出不同层次的要求，如对部分孩子只要求能按照题目的要求画出等腰梯形的图形就可以了，降低了要求，也充分顾及个体的"最近发展区"，使孩子学有所乐，让不同层次的孩子在数学课堂上都有所收获，调动了大多数孩子的积极性。同时老师在布置作业的时候也要作多层次的要求，避免个别孩子交不上作业的情况，使得孩子在作业中各有所为。因为身体素质、发育情况、认知能力、意识倾向、兴趣爱好等的差异，同一年龄段的孩子就有领会、理解能力的差异。他们不善于借助分析、结合和逻辑推理的方法来领会、掌握知识，但也许长于较具体、形象的思维。因此教学应根据他们的"最近发展区"进行相应的教学，激发他们的求知欲。又比如，在初中一年级讲幂的运算时，"正数的任何次幂都是正数，负数的偶次幂是正数，负数的奇次幂是负数"，这样一个关于幂的符号取决时，老师应由形象到抽象顺序，先举例子，正数幂：$(+2)^2=4$，$3^2=9$；负指数：$(-3)^2=9$，$(-1)^3=-1$。让孩子直观观察，一起总结规律，然后再提出性质，$a^n=b$（当 $a>0$ 时，$b>0$；当 $a<0$，n 为偶数时，$b>0$；当 $a<0$，n 为奇数时，$b<0$）。这样的教学方法较好，启动了潜在发展，促进他们抽象思维的发展。

情绪应用：刺激自尊

世界著名的小提琴天才教育家 A 先生，对付懒惰儿童的名言是："你大概连这点也不会，故不想练！"

大家经常和小学生接触，对于不活泼主动的小孩，不要对他说："你讨厌做这个吗？"而要对他说："你大概做不到吧！"听到此话，小孩就会高兴地做起来。

刺激术的效果，对大人亦有效，成人和儿童在心理上并无太大差别，懒于行动的成人，即使一直鼓励他做，也徒劳无用，因为他固执地想："我才不做！"常引起恶性循环，即使强行命令，也不会奏效。

人在被强制命令时，都会产生反抗心理。有这样一件事：一次，参加年终聚餐，在欢宴余兴节目中，有一个猜拳淘汰赛，胜者可得大奖，比赛规定先要出"石头"，大部分人第二次就出"布"，因为对强制命令的"石头"有反抗心理。所以可见，反抗强制命令是人之常情。

对付怠慢的对方，不要说："此事不讨厌，赶快做！"因愿意与否只是自己的私人问题，并不伤害自尊心。若改说："你不会做！"暗示他无能，对方为了维护其自尊心，也非做不可了。如故意小声说："大概不行吧!"原来强烈反抗的人，往往会忘记前嫌，认真地做起来。

及早治疗严重心理障碍者

学生自述：

我是一名高考落榜生，今年夏天被父母送到外地复习。

打那之后就再也无法安心学习。期间自己无法忍受学习压力，曾经出逃到南京一次（家在郑州）……

又转学一次（从外地转回郑州）、逃学旷课N次。

去看心理医生，说是中度抑郁症，建议休学，家里父母不同意。

从复读到现在已经快半年了，却一堂课都没听过，即使强迫自己听也听不进去。

怎么办啊……

因此，对于有严重心理障碍的厌学学生，靠一般常规性的辅导和转化还不能根治的，就必须尽早请心理医生诊断。

对患有厌学症的学生进行教育和帮助，切实处理好他们的学习心理问题，才能让每一个学生更好地适应学校教育的要求，从而顺利走完健康成长的历程。

家庭教育指导

不可忽视的家庭教育

家庭教育作为一种重要的教育形式，自从人类社会产生了家庭，便也随之产生了。家庭教育与学校教育、社会教育一起，构成了人类所接受的全部教育。因为它是在家庭成员之间进行，这就决定了它的初始性、持久性和施教者与受教者之间的关系的亲密性。自然，家庭教育对人的影响是很大的了。纵观历史，我们可以看到良好的家庭教育使人终生受益，而不良好的家庭教育自然也就贻误终生。

学校的教育看起来完善，面面俱到。然而，学校不是隔一段时间要开家长会吗？这就表明家庭的教育也是十分重要的，是学校教育不可或缺的部分。家庭是培养学生心灵的窗口，学校是传授科学文化知识的地方，设想一下拥有许多的科学文化知识，却因为心理问题发挥不出来，在大考时很容易就失败。

家庭教育与学校教育的比较：

1. 一个教师同时要对多个学生进行教育，其关注程度不如家里是两人，甚至多人共同关注一个学生。

2. 学校的教育主要是科学文化素质的教育，而家庭是人生观、价值观的教育。两者相比，后者对孩子的影响更重要。如果没有正确的人生观、世界观、价值观，再高的科学文化素质也不能造福社会，反而可能危害社会！如某些恐怖分子能够造导弹、开飞机，有知识反而危害社会。

自古以来，家庭教育问题就受到人们的关注，像古代对贤妻良母的要求，"相夫教子"就是一个重要要求。此外，许多名门望族更是留下了许多家训的书籍和案例。

自汉初起，家训著作随着朝代演变逐渐丰富多彩。家谱中记录了很多治家教子的名言警句，成为人们倾心企慕的治家良策，成为"修身"、"齐家"的典范。比如"一粥一饭，当思来之不易"的节俭持家思想，今天看来仍有积极意义。在家谱中有不少详记家训、家规等以资子孙遵行的。当中，最为人称道的名训，有颜氏家训、朱子治家格言等，至今脍炙人口。家训之所以为世人所重，因其主旨乃推崇忠孝节义、教导礼义廉耻。此外，提倡什么和禁止什么，也是族规家法中的重要内容，如"节俭当崇"、"邪巫当禁"等。

家庭教育作为一种学科进行研究，在我国也就是这些年来的事情。这是时代的发展、人才的需求、国民整体素质提高所必须涉及的问题。

人的教育是一项系统的教育工程，这里包含着家庭教育、社会教育、学校教育，三者相互关联且有机地结合在一起，相互影响、相互作用、相互制约，这个教育工程离开哪一项都不可以，但在这个整体工程之中，家庭教育是一切教育的基础。

著名教育学家苏霍姆林斯基曾把儿童比作一块大理石，他说，把这块大理石塑造成一座雕像需要六位雕塑家：家庭，学校，儿童所在的集体，儿童本人，书籍，偶然出现的因素。从排列顺序上看，家庭被列在第一位，可以看得出家庭在塑造儿童的过程中起到很重要的作用。因此，家长了解家庭教育的重要性是十分必要的。

家庭教育任重而道远

根国务院公布的有关规章指明："今天的儿童是 21 世纪的主人，儿童的自下而上保护和发展是提高人口素质的基础，是人类发展的先决条件。儿童的健康成长关系到祖国的前途命运。提高全民族素质，从儿童抓起。"并提出："在 2000 年要使 90% 儿童（14 岁以下）的家长不同程度地掌握保育、教育儿童的知识。"这项目标明确了家庭中的父母们肩负着为国家造就 21 世纪人才的重任。能否把这一代孩子培养成为德、智、体、美、劳全面发展的人，这是关系到国家是否后继有人的百年大计。

德国教育家福禄贝尔还说过："国家的命运与其说是掌握在当权者的手中，倒不如说是掌握在母亲的手中。"这句话很有哲理，它深刻地挑明了家长在教育子女中所起到的作用。家长首先要明确教育方向与国家利益、人民要求相一致的原则，不能把孩子视为私有财产，要树立为国教子的思想，端正教育目的。

21 世纪的人应该是具有良好的思想意识、高尚的道德情操、健全的心理品质、积极与他人合作的精神、较强的应变能力、吃苦耐劳的全面发展的一代新人。具备这样的素质不是一朝一夕所能办得到的，而良好的家庭教育正是培养高素质的人的必备条件。

家教的启蒙性

家庭教育，顾名思义，就是指家庭中的父亲、母亲以及其他成年人，如爷爷奶奶、外公外婆、叔叔阿姨等人，对未成年人进行教育的过程。

家庭教育的目标是：在孩子进入社会接受学校教育之前保证孩子身体健康、心理健康，为后来接受幼儿园、学校的教育打好基础。在孩子进入幼儿园、学校后，家庭配合幼儿园、学校使其德、智、体、美、劳诸方面得到全面发展。

家庭教育的重点是以品德教育为主，培养孩子良好的道德品质，帮助其养成良好行为习惯，行为习惯包括生活习惯、劳动习惯、学习习惯等，教会孩子如何学"做人"。

家庭教育因为发生在家庭之中，与幼儿园教育、学校教育、社会教育相比较，具有许多特点，这些特点使家庭教育成为教育人的起点与基点，具有其他教育所没有的优势。

家庭是儿童的摇篮，是婴儿出生后第一个接受教育的场所，也就是说，家庭是人生的第一个课堂；家长是儿童的第一位老师，也就是启蒙之师。

因此家长对儿童所施的教育最具有早期性、启蒙性的特点。通常来说，孩子出生后经过三年的发育，进入幼儿时期，3～6岁是学龄前期，也就是人们常说的早期教育阶段，这是人的身心发展的一个重要时期。

我国古谚："染于苍则苍，染于黄则黄。"这个谚语和"近朱者赤，近墨者黑"有相似之处。幼儿期是人生熏陶渐进染化的开始，人的很多基本能力是这个年龄阶段形成的，如语言表达、基本动作以及某些生活习惯等，性格也在此时逐步形成。

美国心理学家布鲁姆认为，一个人的智力发展假如把他本人17岁达到的水平算作100%，那么4岁时就达到了50%，4～8岁又增加了30%，8～17岁又获得了20%。可见幼儿在5岁以前是智力发展最迅速的时期，也是进行早期智力开发的最佳时期，假如家长在这个时期所实施的家庭教育良好，将是学生早期智力发展的关键。

古往今来，很多仁人志士、名人在幼年时期受到良好的家庭教育是他们日后成才的一个重要原因。

如德国大作家歌德的成才，就得益于家庭的早期教育。歌德2～3岁时，父亲就抱着他到郊外野游，观察自然，培养歌德的观察能力。3～4岁时，父亲教他唱歌、背歌谣、讲童话故事，并有意让他在众人面前讲演，培养他的口语能力。这些有意识的教育，使歌德从小乐观向上，乐于思索，善于学习。歌德8岁时能用法语、德语、英语、意大利语、拉丁语、希腊语阅读各种书籍，14岁写剧本，25岁用一个多月的时间写成了著名的《少年维特之烦恼》。

古代以"父子书法家"著称的王羲之、王献之，有过1350多项发明的大发明家爱迪生、一代文学巨星郭沫若、茅盾等名人的成长过程，说明了家庭教育对早期智力开发是十分重要的。

与之相反，人的幼年时期得不到良好的家庭教育而影响智力正常发展的事例也是许多的。如印度"狼孩"卡玛拉，从小被狼叼去，8 岁时被人发现，但其生活习惯已与人两样，其生活习惯几乎与狼一样，四肢爬行，吃生肉，昼伏夜行，后来经过人为的训练，两年后才能站立，6 年后可以像人一样行走，4 年内学会了 6 个单词，在他 17 岁时，智力水平仅达到 3 岁儿童的水平。

另外，据《中国妇女报》披露，我国南京市一姓马的工人因患有精神性心理疾病，生怕孩子受人迫害，将自己的 3 个子女从小锁在家中，不让他们与外界接触，长达 10 多年，致使这些孩子智力低下，言语迟缓，与同龄人相比，智力及生活能力差异很大。因此，我们不可忽视家庭教育早期性的作用。

家教的延续性

家庭教育的另一个特点是连续性。孩子出生后，从小时候到长大成人，大约有 2/3 时间生活在家庭之中，从早到晚，都在直接或者间接地接受着家长的教育。

这种持续的家庭教育是在有意和无意、计划和无计划、自觉和不自觉之中进行的，无论是以什么方式、在什么时间进行教育，都是家长以其自身的言行随时随地地影响教育着子女。这种教育对学生的生活习惯、道德品行、言谈举止等都在不停地给予影响和示范，其潜移默化的作用相当大，伴随着人的一生，可以说是活到老学到老，因此有些教育家又把家长称为终身老师。

这种绵延不断的终身性的教育往往反映了一个家庭的家风。家风的好坏往往要延续几代人，甚至于十几代、几十代，而且这种家风往往与家庭成员从事的职业有关，如"杏林世家"、"梨园之家"、"教育世家"等。

不难看出，家庭教育的连续性往往对人才群体的崛起有着重要影响。这种情况在古代、近代比较突出，而在当代，随着科学的发展、社会的需求、待业的增多，人们择业面宽，一个家庭中所有的成员不可能都从事同一种工作，但都不乏见到这种情况，也就是有些家庭成员在工作中屡屡出成绩、受表彰，而有的家庭中成员违法犯罪接二连三。这都与家庭教育连续性有着很大的关系。

亲情的权威性和感染力

家庭教育的权威性是附带的，主要是指父母等长辈作为教育者，在孩子身上所体现出的权力和威力。与学校的义务教育或者收费的契约教育不同，家庭的存在，确定了父母子女间的血缘关系、抚养关系、情感关系。子女在伦理道德和物质生活的需求方面对父母长辈有很大的依赖性，家庭成员的根本利益的一致性，都决定了父母对子女有较大的制约作用。

因为这种权威性，父母的教育易于被孩子接受和服从，家长合理地利用这一特点，对孩子良好品德和行为习惯的形成是很有益处的。对于幼儿来说，尤其是这样。幼儿在与其他小朋友们玩耍、游戏中，当出现争执情况时，往往引用父母的话来证实自己的言语行为是对的，如他们喜欢说"我爸爸是这样说的"或"我妈妈是那样做的"等。

父母在孩子心目中建立的权威性决定着孩子以后如何看待和接受幼儿园、学校及社会的教育。孩子与父母的关系，是孩子最先面临的一种重要的社会关系。在这种关系中，几乎体现了社会人伦道德的各个方面，假如这种关系中形成裂痕和缺陷，那么孩子日后走向社会，在各种人际关系中就会反映出来。之所以强调父母权威的重要，还因为父母在孩子幼年时代始终扮演着双重角色：父母既是孩子安全生存的保护者，又是人生启蒙的向导。

父母教育的效果如何，就看父母权威树立的程度。不过需要注意的是，

父母权威的树立必须建立在尊重孩子人格的基础上，而不是封建的家长制上。明智的家长很懂得权威树立的重要性，更懂得权威的树立不是靠压制、强求、主观臆断，而是采用刚柔相济的方法。而不明智的家长，权威越大，对孩子的负面影响可能越大。

父母双方在教育子女的态度上首先应协调一致，并相互配合，应宽则宽，应严则严，在孩子面前树立起一个慈祥而威严的形象，使孩子容易接受父母的教育。

家庭教育的亲情具有感染力。俗话说："血浓于水。"父母与孩子之间的血缘关系和亲缘关系的浑然天成、密不可分，使父母的喜怒哀乐对孩子有强烈的感染作用。孩子对父母的言行举止往往能心领神会，以情通情。

在解决发生在身边的人与事的关系和问题时，孩子对家长所持的态度很容易引起共鸣。在家长高兴时，孩子也会跟着欢乐；在家长表现出烦躁不安和闷闷不乐时，孩子的情绪也容易受影响，即使是幼儿也是如此。假如父母亲缺乏理智而感情用事，脾气暴躁，会使孩子盲目地吸收其弱点。家长在解决一些突发事件时，表现出惊恐不安、措手不及，对子女的影响也不好；假如家长处变不惊、沉稳坚定，也会使子女遇事沉着冷静，这样对孩子心理品质的培养会起到积极的作用。

所以家长们在教育孩子的同时，要提高自己的能力和修养，以身作则，言传身教，为孩子做好榜样。

家教方便又及时

从时间上来看，孩子更多的时间是跟家人在一起。年龄越小，呆在一起的时间越多。家庭教育的过程，是父母长辈在家庭中对孩子进行的个别教育行为，比幼儿园、学校教育要更加随时随地，更加方便及时。

俗话说："知子莫若父，知女莫若母。"家长与孩子朝夕相处，对他们的情况可以说是了如指掌，孩子身上稍有什么变化，即使是一个眼神、一个微笑都能使父母心领神会。故此，作为父母，应善于通过孩子的一举一动、一言一行，来及时掌握此时此刻他们的心理状态，发现孩子身上存在的问题，及时教育，及时纠偏，不让问题过夜，使不良行为习惯消灭在萌芽状态之中。

而幼儿园、学校之中，老师面对着一大群孩子，只能针对这个年龄阶段的孩子进行共性的教育，也就是群体教育。因为有时间和精力的限制，不可能照顾到每个孩子的特点，容易出现顾此失彼的现象，甚至使孩子因老师的照顾不周而产生不信任感，而家长可以及时引导孩子端正认识。

家长对孩子进行正确的家庭教育，既可以使孩子在进入幼儿园之前形成了良好的行为习惯，为接受集体教育奠定很好的基础，又可以弥补学校集体教育的不足。

 家长要向孟母学习

要想远离不良同学的影响，应该像《三字经》描述的一样："昔孟母，择邻处。"家长和教师要让学生经常与积极上进的同学交往，尽量形成良好的学习氛围。

孟子，名柯，战国时期鲁国（现在的山东省境内）人。3岁时父亲去世，由母亲一手抚养长大。孟子小时候很贪玩，模仿性很强。他家原来住在坟地附近，他常常玩筑坟墓或学别人哭拜的游戏。母亲认为这样不好，就把家搬到集市附近。孟子又模仿别人做生意和杀猪的游戏。孟母认为这个环境也不好，就把家搬到学堂旁边。孟子就跟着学生们学习礼节和知识。孟母认为这才是孟子应该学习的，心里很高兴，就不再搬家了。这就是历史上著名的"孟母三迁"的故事。

对于孟子的教育，孟母更是重视。除了送他上学外，还督促他学习。有一天，孟子从老师子思那里逃学回家。孟母正在织布，看见孟子逃学，她非常生气，拿起一把剪刀就把织布机上的布匹剪断了。孟子看了很惶恐，

跪在地上请问原因。孟母责备他说："你读书就像我织布一样。织布要一线一线地连成一寸，再连成一尺，再连成一丈、一匹，织完后才是有用的东西。学问也必须靠日积月累、不分昼夜勤求而来。假如你偷懒，不好好读书，半途而废，就像这段被割断的布匹一样变成了没有用的东西。"孟子听了母亲的教诲，深感惭愧，从此以后专心读书，发愤用功，身体力行地实践圣人的教诲，终于成为一代大儒，被后人称为"亚圣"。

孟母，她克勤克俭，含辛茹苦，坚守志节，抚育儿子，从慎始、励志、敦品、勉学，以至于约礼、成金，数十年如一日，<u>丝丝入扣</u>，毫不放松，既成就了孟子，更为后世的母亲留下一套完整的教子方案。她本人也成为名垂千古的模范母亲，在中国历史上受到普遍尊崇。

黎民百姓传颂着她的故事，文人学士为其立传作赞，达官显贵、孟氏后裔为其树碑修祠。后人把她与北宋文学家欧阳修的母亲欧阳母、"精忠报国"的岳飞的母亲岳母、晋代名将陶侃的母亲陶母列为母亲的典范，号称中国"四大贤母"，孟母位居"贤母"之首。

唤起子女对学习的兴趣

兴趣是注意力的最大动力，因此在矫治子女因注意力涣散而导致的厌学情绪时，其宗旨是要唤起子女对学习的兴趣，方法有以下几点：

1. 应运用多种学习方法。如利用视觉，看书；利用动觉，写字；利用听觉，听写。也可把几门功课的内容，交替进行复习。还可利用讨论的方式和提问的方式进行学习。

2. 在学习时，假如注意力分散，可做几次深呼吸或放松训练，使自己精神松弛，克服紧张情绪，重新安下心来学习。

3. 当注意力不集中时，可到室外跑跑步或做做操，10 分钟左右，使头脑清楚，提高注意力。

培养子女稳定的学习情绪

　　家长要提高子女对学习的认知水平，要使子女意识到学习是其自身的需要。认知的逐步提高，有助于子女学习情绪的逐渐稳定。培养子女良好的学习习惯，还要注意从以下几个方面抓起：

　　1. 要从小抓起，许多习惯，只有从小抓起才能成功；

　　2. 要从点滴抓起，如写字姿势要坐端正，握笔姿势要正确；

　　3. 家长对学习仅作指导，决不可包办代替；

　　4. 家长要不断提出要求，对子女的学习应勤检查，勤督促，及时鼓励；

　　5. 一旦发现子女有不良的学习习惯，如做作业马马虎虎，要及时指出、纠正。

提高孩子的情绪智力

　　情绪智力又称为情感智力、情感智慧或情绪智能，英文简称 EI，是这些年来心理学家探讨的一个热门的话题。那么什么是情绪智力呢？

　　情绪智力可以定义为四个主要的成分：

　　1. 准确和恰当地感觉、知觉、评价和表达情感的能力；

　　2. 运用情感进行思考的能力；

　　3. 理解和分析情感，并有效地运用情感的能力；

　　4. 调节情绪的能力，促进情感和智力发展的能力。

　　实际上，这个定义强调了情感对智力发展的促进作用，即可以使人更加聪明。那么，怎样来促进孩子情绪智力的发展呢？

　　1. 鼓励孩子表达喜怒哀乐

　　首先，要教孩子学会表达自己的情感。在幼儿的教育中，我们经常会陷入一个误区，那就是任何时候孩子哭泣都要想方设法立即进行处理，不能让孩子过长时间地哭泣，所以最好的状态是希望小孩子能总是保持微笑。实际上，这恰恰不利于孩子的 EI 的发展，因为这样一来，孩子就失去了表达除了喜悦这种感情之外的其他类型的感情的机会。

2. 要教孩子学会调节自己的喜怒哀乐

EI 很强调情绪对智力发展的积极作用，因而要让孩子学会调控自己的不良情绪，使其处于一种积极的情绪状态中，促进其智力的进一步发展。在对孩子进行情绪调节方法的介绍上，要注意根据孩子的具体情况，采取孩子最能理解和接受的教育方式。

其中，通过举孩子身上或者身边的例子来教会孩子调节情绪的方法使用得十分广泛。例如要让孩子学会情绪调节方法中的合理情绪化法。合理化情绪法的核心观点就是个人对一件事情产生的情绪不是事情本身导致的，而是由这个人对该事情的解释导致的。假如直接给孩子这样讲，孩子肯定不会明白。那么，就可以通过举例子来说明这种情绪调节方法。

假如你的女儿念幼儿园，早上睡懒觉，结果上学迟到了，被教师当众批评了，她觉得很难过，因为她感觉在小伙伴面前丢了面子。这个时候，你怎样去教会孩子使用合理情绪化法调节她的情绪呢？

作为父母，你就应该给她讲明这样一个道理：你难过的原因是你迟到后被教师批评了。那你要想一下，这实际上是告诉你一个道理，即上课要守时。否则，你就会在小伙伴面前被教师批评。因此，不要再难过了，以后不再睡懒觉，上课不再迟到了，就不会被教师批评了。通过这样来逐步引导孩子，加上你的耐心和恒心，孩子就会逐渐学会如何去调节自己的情绪。所以，其他情绪调节的方法也可采取类似的方式传授给孩子。

毋庸置疑，在孩子不能说话之前，哭泣往往很自然地充当了语言的功能。例如孩子需要某样东西，然而他不能通过语言表达出来，于是就通过哭泣来获得父母的关注，从而实现自己的目标。例如幼儿饿了，他会哭；感觉很热，也会哭。然而随着孩子的长大，在学会说话之后，哭泣逐渐失去了它原来的功能，变成了另一种表达需要的工具。

例如一个 5 岁的小男孩，在街上看到一个十分漂亮的玩具，嚷着要买。然而玩具的价钱贵得离谱，所以男孩的父母都不愿意给孩子买。于是，这个男孩哇哇大哭起来。这个时候，通常的父母会怎么做呢？

表现得最多的行为就是安慰孩子，叫孩子别哭，哄孩子或者干脆狠下心来，将玩具买了，以此让孩子破涕为笑。实际上，这极其不利于孩子情感的表达和 EI 的发展。因为，这样一来，孩子就会形成一个误解：哭是一种达到目的的手段，而不是在表达一种情感。按理说，这个时候这名男孩子应该感到一种挫折，为表达挫折这种感情而进行哭泣。

因此，对待上面的男孩的这种情况，父母应该学会置之不理，态度强硬，让其尽情地哭，尽情地表达自己的情感，同时要在离孩子不远的地方观察孩子的行为。直到孩子止住哭声了，才继续与孩子进行交流。通过这样，让孩子明白哭只是一种表达情感的方式而已，而不是实现自己目的的手段。同时，也让孩子明白生活中是充满了喜怒哀乐的，要学会表达自己的情感。

培养孩子的学习激情

学习上，有一些孩子成绩中等，不好也不差，然而教师和家长都认为，从这些孩子的能力来看，他们完全可以取得更好的成绩，成绩平平是因为孩子还不够努力。

为什么会出现这种情况呢？

专家分析指出，这类孩子自身的潜力并没有得到完全开发，究其原因，是因为缺少激情。专家建议家长，假如发现孩子对学习提不起兴趣、精神萎靡不振时，应该和孩子谈谈人生，帮助孩子树立理想，引导孩子用努力搭建起一条通往理想的成功之路。同时，家长也应克服自身的各种消极情绪，在遇到孩子教育问题时，不要指责孩子，也不要怨天尤人，要以身作则，以积极向上的家庭文化来影响孩子。

鼓励孩子相信自己

对于那些成绩优异的孩子来说，越是临近考试，学习的热情和效率越高。

但是，另外一些孩子却截然不同，每次越是临近考试，越是缺乏信心，甚至产生紧张、恐慌，觉得自己什么都不会。对于这样的孩子来说，帮助他们重拾自信才是提升成绩的关键。

专家指出，家长应多发现孩子的优点，并加以肯定。在此基础上，帮助孩子寻找方法，让孩子能够体验到进步、成功的快乐，而不要使用怀疑、警告的语言来打击孩子的信心和热情。帮助孩子建立起自信，当孩子克服心理上的恐慌后，提高学习成绩自然就不是难事了。

保护孩子自尊心

闲聊时几个家长说起自己的孩子，这个说我的孩子学了这个特长，那个说我的孩子学的那个特长，好像所有的孩子都具有天才，都有艺术天赋似的。实际上当然不是这样。

对于少部分的孩子来说，确实具有某些方面的天赋，不学习、不挖掘就是浪费。而对于大多数的孩子来说，被父母生生地埋进各色特长班里，不是发展，简直就是在被摧残。

总归起来的原因，都是家长的虚荣心在作怪，生怕自己的孩子不学特长被别人家的孩子比了下去，没有了炫耀的资本。可是疼爱孩子的家长想过没有，你们付出的何止是金钱？同时你也伤害了一个孩子，也伤害了自己。

有一本书叫《谁拿走了孩子的幸福》，里面有不少故事值得家长品读。

其实让孩子只学一个自己喜欢的特长，比你强迫孩子学习一大堆不喜欢的特长要有意义和积极得多。让孩子学习那些他们其实并不喜欢的特长，简直是要了他们的命，你用心想想孩子走进特长培训班，他们的心真正放在上面了么？

实际的情况是，当你离开孩子的视线的时候，他根本是为了应付而应付，也就更谈不上学了。与其这样浪费家长的时间和金钱，还不如就选一样孩子感兴趣的，这样学才有动力。

许多家长习惯把自己的孩子和身边亲友的孩子相比较，得出其他孩子在某些方面优于自己孩子的结论，并不断将这样的结论向孩子渗透，对孩子提出"超过他们"的要求，希望以此来激励孩子进步。

专家指出，实际上这样的方法并不适用于每个孩子，甚至会使孩子的自尊心受到打击，导致他们自暴自弃。自尊心是一个人求上进的动力之源。许多孩子因为父母频繁的不当激励而自尊心受损，成为狂躁或怯懦的人，对学习失去兴趣。

保护孩子的自尊心，不仅可以帮助孩子以正确的态度来面对学习，更有利于孩子的身心健康成长。

家长对孩子的迂回战术

有位家长，女儿某次期末考试考得不好。说实话，家长心里也挺失落的。虽然家长极力装作毫不知情，还是能明显感到孩子的情绪低落。考虑到学校就要放假了，学习任务也不重，就让孩子反思两天。家长一面琢磨，一面苦苦寻找谈话的切入点，避免让孩子难受。

终于有一天吃晚饭时，父女俩难得看了一集电视连续剧《长征》，讲的是毛泽东在长征路上，如何克服重重困难，气贯长虹，指挥若定。父亲就问："主席写过一首诗叫《长征》，我记不下来了，你还记得吗？"

女儿自小喜欢读书，诗词歌赋是她的强项，听说父亲记不起来了（实际上父亲倒背如流），顿时来了精神，从头给父亲背了一遍："红军不怕远征难，万水千山只等闲。五岭逶迤腾细浪，乌蒙磅礴走泥丸。金沙水拍云崖暖，大渡桥横铁索寒。更喜岷山千里雪，三军过后尽开颜。"

孩子充分展现完她的才女风范，父亲一边鼓掌一边感叹："哎呀，声情并茂，佩服佩服！"

女儿一脸得意，像只骄傲的小公鸡："老爸，您还是上了年纪呀！这首诗都搞不定啦？"

父亲摇摇头："是呀是呀，还是你年纪小，记性好啊！这首诗写得多好啊！父亲年轻时最喜欢啦！"

女儿点点头："是挺有气势的。"

父亲开始步入正题了："假如这是一篇命题作文，多数文人大概会着眼于二万五千里长征的艰苦成功，写得忆苦思甜或慷慨悲歌。毛泽东却用轻松浪漫的笔触，写出一派胜利的喜悦。其实，红军穿过逶迤的五岭山脉，天上有国民党的飞机在轰炸扫射，地上有国民党的士兵在围追堵截，危机四伏。但在毛泽东眼里，那一座座高山不过像大海中起伏的细微波浪，像大地上滚动着的一些泥丸罢了。红军被迫翻过终年积雪的岷山，到达甘肃境内，很多战士冻饿交加，死在了征途中，但在毛泽东的笔下却是'更喜岷山千里雪，三军过后尽开颜'。好像历经那么多的磨难还觉得不够味，只不过是兴致勃勃地翻了一次人迹罕至的大雪山。这是怎样千古少有的豪迈之气啊！他极端蔑视了长征中的巨大困难。没有这种胸怀，这种气魄，哪有中国革命的最后胜利？"

女儿被父亲说得心潮澎湃："老爸，毛主席真是了不起啊！"

父亲神秘地一笑，把话题一转："听说某某人这次考试没考好，竟然有些忐忑不安、魂不守舍，和毛主席比一比，应该有所感悟吧！"

女儿突然醒悟，给了父亲一拳头，说："你这个人太狡猾了吧？服了您啦！"

父亲笑笑："好像我什么都没说吧？"

女儿突然严肃起来："爸爸，实际上我心里知道该怎么努力，就是有点难受。我这一次准备很认真，还是失误了，肯定是太紧张了。下一步看我的行动吧！"

所以，面对学习暂时落后的孩子，家长们谈话必须要讲究技巧。如果直接提问："这一回考试了没有？"孩子很可能避而不答。再问："考了多少分呀？"孩子可能说："你烦不烦呀？"

因此，父母想了解孩子的学习情况，最好别一开始就提学习。你越不谈学习，才越有利于谈学习。你可以夸夸其谈，但脑子里要有一根弦，不让子女看出你的意图，慢慢地引导，慢慢地收缩。这就是迂回战术。

聊着聊着，子女自己就往学习那边走了。你想，分分分，孩子的命根，他能不在乎吗？比你我都在乎多了。一旦把话题打开了，子女倾诉，父母倾听；即使他们说错了，父母也别反驳。到了关键时候，父母说话的分量就出来了。一句话就可以让孩子有一种顿悟的感觉。这时候，不是父母主动说给儿女听，是孩子自己需要听。话不在于多，而在于它的力度。

每个孩子都有自己的路

在这个世界上，不是每一个孩子都是做学者、工程师的人，我们常说"成功的路千万条"，西方人说"条条大道通罗马"，以下这四个孩子的故事，都是发生在身边的事情，相信看过的朋友身边也能发现许多这样的故事。

每个孩子都会找到自己成功的路，并且要坚信一点：只要孩子有足够的修养，多读一些能引导自己前行的书，那么无论选择什么样的职业，将来都会成功，成为社会的栋梁和精英！

故事一：

小路在辽宁的一座小城生活，在中学的时候成绩还不错，高考的时候考得不太好，当时家里就打算拿钱给他读一个好点的大学，但小路说还是根据自己的成绩能报哪里就读哪里。最后读了一所商学院烹饪专业，也就是学厨师的。

在校期间他一直很用心，各方面成绩和表现都很好，毕业的时候，外交部招待处正好去那里招厨师，他各方面条件都不错，很顺利地被录取，去了北京。在外交部招待处工作了几年之后，因为菜做得好，待人接物也都很热心，领导对他的表现满意，同事对他的工作认可，他被晋升为总厨，平常负责新的菜品开发、员工培训，只有部里接待高级别的来华使节时他才会亲自出场。

小路家里摆着他跟近两届外交部长的合影，还有他们给他写的亲笔题字以及赠给他的字画，这一切都成为他父母的骄傲。原学校也放大他的照片挂在醒目的位置，并把他当成新生学习的榜样。假如单从学习成绩上讲，可以说小路比不过大部分孩子，可从他现在的工作与成就来讲，多数孩子都比不过他。

故事二：

小锐是同事的儿子，长得又矮又瘦，尤其淘气，一刻也不闲着，一会儿跑没了影儿，一会儿又拿起大面包啃，精神十足，但他妈妈私下里说这孩子特愁人，看似一个非常灵气的孩子，可就是学习一点也不入门。

小锐的爸爸是工程师，是公司的技术主管，大家就说小锐将来肯定错不了的，只是还没有开窍。

过了几年，再碰到小锐的爸爸，问起小锐的情况时，他爸爸满脸都是笑容，说是孩子中考时成绩不好，连普通高中也上不去，最后征求小锐的意见去了烹饪学校，结果他一入学，立刻就如鱼得水，自己的才能马上彰显出来，看似不容易的菜谱，他很快就能背住，不久就成为学校里最优秀的学生。毕业后实习了一段时间，有机会去了日本，在一家日餐厅做大厨。现在，小锐给家里赚了许多钱了，并把赚到的钱都寄回来，告诉父母等攒够了自己就回来开间日料餐厅。

故事三：

小浪这孩子是老大家的孩子，他可是我亲眼看着长大的，从孩子很小开始每年我们都要聚几次。小浪的长相取了他爸妈的优点，浓眉大眼、鼻直口方，从小就讨人喜欢。到了小浪初中我们再聚会的时候，老大就说小浪学习成绩平平，将来不知怎么办。

那时我就已经知道了小锐的情况，就对老大说千万别勉强孩子，假如成绩就是不好，还不如像小锐那样学个一技之长，小浪长相好，孩子成绩也不太差，特别是英语好，假如学个西餐厨师，将来星级酒店和西餐厅都会抢着要的，而不要浪费时间去读大学。

老大是知识分子出身，他的父母都是大学教授，我也不敢说太多，只是反复把小锐的例子说给他听。现在读大学几乎很普及了，这与几年之前还不一样，普及的同时就意味着将来就业压力更大。到了小浪中考之前，老大来电话说孩子已经定了要去职业学院学西餐的志愿。

这几年兄弟几家的孩子进入高中、大学，我们见面的次数就少了。前不久见到老大，他才有机会跟我说起当初是怎样下定决心让孩子走这条路的。他说当初小浪模拟考试的成绩仅能上一个普通高中，他反复想我说过的话，知道有道理但也不好下决心，怕这样做耽误孩子的前程。

最后他回去跟自己的父亲谈了这件事，让他最没有想到的是，他最担心老父亲不能同意让唯一的孙子走这条路，结果却是老父亲第一个想通："让孩子学点手艺，将来自己能养活自己就行了。"就这样小浪去了职业学院学西餐烹饪，现在已经开始在四星级酒店实习，酒店已经有签订合同的意向，但老大说已经跟小浪谈好了，告诉他不急于工作，现在还是学习的时候，除了学好专业外，还要把外语学好，将来争取让自己的起点再高一些。我也完全赞同老大的这个决定，看小浪现在的情况，将来肯定错不了。

故事四：

小五是近几年认识的一位朋友的儿子，我认识他妈妈的时候，他正在读大学，之前孩子的情况不太了解，只是那时他妈妈正发愁儿子迷恋网吧，甚至有那么一次，给儿子打了一整天电话也没有接通，最后请朋友开车，半夜赶到学校，从一家网吧把孩子找了出来。

那时她就跟我说本来孩子高中时的成绩就很普通，儿子也根本不喜欢文化课，但因为自己一辈子都没有上过大学，不管如何也得让儿子念大学。

他妈妈以为等儿子上了大学懂事了就好了，哪知道上了大学仍然一样不喜欢学习，最后竟然上网成瘾。他本来两年前就该毕业，因为挂科，直到最近才拿到毕业证，这两年当中不断地往返学校补考。

小五这孩子身材高大挺拔，长得一表人才，也从来不惹是生非，在家里还经常帮朋友做饭收拾家务。除了学习成绩不好之外，从其他方面看小五都是一个非常好的孩子，只是已经 25 岁了，才刚拿到大学毕业证，也没有任何工作的经历，只得待在家里。

现在朋友想到这些都会感叹：当初真不应该逼迫孩子读大学，实际上如果让孩子利用这些年的时间学个一技之长，说不定孩子也能自食其力了，不必靠父母养活，世上真是没有后悔的药。我也只能跟朋友说天无绝人之路，相信每个孩子都能找到自己生存的方法。

 改变"苦学"观念

许多学生接受的是"书山有路勤为径，学海无涯苦作舟"的教育，所以，学习常常和痛苦画上了等号。在这种情况下，学生很难建立起对学习的热情。

假如家长以"书中自有颜如玉，书中自有黄金屋"这样的理念来引导学生，给学生留下"学习"等同于"快乐"的印象，帮助学生从学习中寻找和发现快乐，挖掘学生学习的主观能动性，则更有利于成绩的提升。

培养子女学习意志

要想使子女将来在事业上有所成就，坚忍不拔的意志是成功的重要保

证。当子女学习时，家长要帮助子女确定一个既有一定难度、又是其力所能及的具体的目标。家长应提供必需的适当的奖励条件，鼓励、督促子女为实现这个目标去努力。失败不灰心，成功不骄傲。要从小培养子女不达目的决不罢休的顽强精神。

如何应对媒体和网络

随着年龄的增长，孩子从婴儿期步入幼儿期，终将由家庭这个小环境步入社会大环境，逐渐接触家庭外的人群、事物。

社会中那些真善美、假丑恶不分青红皂白地进入孩子的视野，大人采取隔离手法是行不通的，因为家庭中的电视、网络等媒体也会从不同角度不断地反映着当今社会的现实，既有正面的，也有反面的。

儿童（尤其是幼儿）一开始难以具有理性的辨别是非的能力，但有着比成人敏锐的感受能力。他们对身边发生的亲切的或可怕的事物敏感性强，而这种敏感性正是培养理性辨别能力的良好基础。作为家长应利用这一特点帮助孩子在这种感受能力的基础上，发展对社会生活的辨别能力和心理承受能力，过滤社会信息，优化孩子幼小的心灵。

假如家长在日常生活中能针对孩子年幼接受能力不太强的特点，抓住具体的日常琐事，帮助孩子认识辨别社会中发生的是是非非，让他们具体地感受到真善美光明的一面，也体会到丑恶和卑鄙，可以帮助孩子增强扬善除邪的正义感，从而抵制丑陋阴暗面对孩子心灵的侵蚀。

比如，当今电视、网络几乎步入城市的每个家庭中，孩子们几乎天天与它们打交道，可以说是不出自家门，便知天下事，从中可以接受到来自世界各地的各种信息。这里有政坛风云、科技进步、凡人俗事的各种内容，从中可以学习许多知识，了解国内外大事、家内外小事；但也不可避免地使一些凶杀暴力、荒诞下流的镜头、图片映入孩子的眼帘。家长要针对这些问题进行及时指导，提高孩子的鉴别能力，同时还要随时检点自己的行为举止，为孩子树立正面形象，优化儿童心灵，预防儿童犯错误，以至于违纪违法。

家庭做好这方面的工作，有助于安定小家庭和环境。家庭是社会的细胞，有了健康的细胞，才能有健全的机体；细胞有病，就会导致机体发病。"身修而后家齐，家齐而后国治，国治而后天下平"的"齐家、治国、平天下"观点就是这个道理。因此，家长做好优化儿童心灵的工作对安定社会、安定国家功在千秋。

总之，作为家长要充分了解家庭教育的重要性，自觉地做好孩子的第一任教师。

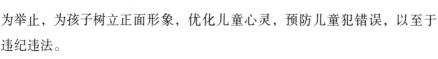

情绪应用：激将法

俄国戏剧家斯坦尼斯拉夫斯基在排一场话剧时，女主角因故不能参加演出，出于无奈，他只好让他的大姐出演这个角色。可他的大姐从未演过主角，自己也缺乏信心，因此排演时演得很糟，这使斯坦尼斯拉夫斯基非常不满，他很生气地说："这场戏是全戏的关键，假如女主角仍然演得这样差劲，整个戏就不能再往下排了！"这时全场寂然，屈辱的大姐久久没有说话，突然她抬起头来坚定地说："排练！"一扫过去的自卑、羞涩、拘谨，演得非常自信、真实。斯坦尼斯拉夫斯基高兴地说："从今天以后，我们有了一位新的大艺术家。"

美国的笛福森，45岁以前一直是一个默默无闻的银行小职员。周围的人都认为他是一个毫无创造才能的庸人，连他自己也看不起自己。但是，在他45岁生日那天，他读报时受到报上登载故事的刺激，遂立下大志，决心成为大企业家。从此，他前后判若两人，以前所未有的自信和顽强毅力，破除无所作为的思想，潜心研究企业管理，终于成为一个颇有名望的大企业家。

事情非常明显，假如不是斯坦尼斯拉夫斯基的发火使他的大姐受到刺激,积聚在大姐身上的表演潜力便不可能迸发出来。同样,假如不是报上刊载的故事的刺激,笛福森也不可能成为一个大企业家。在这里,刺激起了不寻常的作用。人们常常埋怨社会埋没人才,实际上,因为缺乏信心和勇气,自卑、懒惰、安于现状、不思进取、自我埋没的现象也是相当普遍的。假如我们能多给自己一点刺激,多一点信心、勇气、干劲,多一分胆略和毅力,就有可能使自己身上处于休眠状态的潜能发挥出来,创造出连自己也吃惊的成功来。

情绪应用:逆反心理

罚点球是足球赛最扣人心弦的时刻,许多运动员告诫自己不要放高射炮,结果反而射高。马拉多纳等球星认为,罚点球前,先确定要射某个角度,而后毫不犹豫地拔脚就射,这种办法一般很有效。

有位家长见儿子总不用功,就说:"这首唐诗你不会背吧?"接着自己朗诵一遍,那学生好胜心顿起,下功夫背了两首,果然以后逐渐喜欢学习了。

上述例子告诉我们,人的心理奥妙无穷,你对某人说不要做某事,并采取禁止措施,他反而非要试试不可。例如,你告诉同宿舍同学不准开你的某个抽屉,那么你不在时反而有人想打开看看里面有什么秘密。这是一种不可思议的原始本能。许多恋爱男女并不像一些言情小说写得那么如胶似漆,但假如家长一反对,反而造成一种"逆反"心理,只能起反作用。这种情况在各种体育比赛中也屡见不鲜。一名著名选手曾说:"高尔夫比赛不是靠手,而是靠嘴巴。"

在影响情绪的一些谈话中,最有效的手段是表面上装得很亲切,而提出一些所谓"忠告",也就是想办法让对方意识到比赛的禁止事项。譬如,在高尔夫赛场上故意温和地向打球的对手说"要是打出去的球半路上向右边飞的话,会落进池塘"或"这个球离洞这么近,千万不要打歪啊"。听了这些好话，打出去的球不可思议地不是向右飞，就是打歪了，真是"忠言逆耳"。有经验的教练在比赛前，从不啰啰嗦嗦地嘱咐这个运动员这样，警告那个运动员不要那样，因为那么做只会适得其反。

　　强调注意事项时，对方反而紧张，无法发挥正常的水平。

正确认识退学

退学，看起来很美

虽然网上主张奉行退学行为的"学术意见"颇多，但从实际角度出发，许多人还是对退学提出了"谨慎选择"的警告，这当中不乏退过学的学生。

许多经历过退学的学生纷纷表示，退学后的生活远没想象中那么美。

退学后，大家都去做了什么？这是个重要问题。这项调查显示，其中大约有20%的人选择了学自己喜欢的东西或者职业教育，有17%的人立刻开始了创业，有15%准备找工作，也有4%的人选择在家待着，无所事事。

有的人在退学后，找到了比大学里更明确的生活目标，经历虽然坎坷，却也觉得值得，也有人为此感到茫然。

一位已经退了学的学生说出了真心话："可能退学后觉得生活符合自己想象的只占了少数，我退学前想了许多许多，感觉准备得很充分了，可真退了又感到前所未有的空虚。"

另一位过来人也告诫说："还是先考虑好后路之后再做决定吧，社会比学校要现实得多。"

退学理由越来越另类

退学的原因五花八门：

"学校教学层次不高、学风不好。"

"要上更好的学校。"

……

退学的学生有各自的理由，这种退学行为已经不是个别事件，一股退学风潮在大学的深处涌动。

以往退学，似乎是一个羞于启齿的话题，因为大多是学生念不下去了、成绩不佳才退学。而现在，在搜索引擎里键入"退学"二字，几十万条相关信息会告诉你这个话题有多热。不过，人们热议退学的出发点与以往大大不同，因为这个话题的由头来自一群因退学而成功的名人。

比尔·盖茨退学后缔造了微软神话、张×多次退学依然考上清华就是其中的代表，他们成了许多退学生的精神榜样，虽然不一定值得效法，最起码说明退学不是死路一条。

在一项"为什么选择退学"的网上调查中，学生回答的理由各种各样：不适应环境、天气；报考专业、学校不理想；出国、移民、自主创业；不适应现在的教育方式；重读再考……这些以往不能被当作退学决定性条件的理由被更多地提了出来。

有位退学生说："不喜欢学校，当时我在学校的时候感觉什么都没学到，还要花父母的钱……越想越是感觉对不起自己，于是自己买来了室内设计的书苦学了两个月，终于决定退学了。"

另一退学生也自称是主动退学："我不喜欢这个专业，也讨厌那个学校，还讨厌校园里那些很不顺眼的所谓的大学生。"

 退学多因成绩不好

现实中，是否真的如网上调查那样，退学生都是因为其他因素而退学？高校教师告诉记者，无论是被动退学还是主动退学，多数人还是因为成绩不好。

"千辛万苦考上大学，假如成绩跟得上，能舍得退学吗？"在高校工作了十几年的楼老师说，"每年退学的学生中，主要以成绩不达标、学分不够等原因被迫退学的人居多，当中有一些是高考成绩很不错的，也有成绩平常的。他们进入大学后出现不适应、迷恋上网等情况，成绩始终跟不上，每学期都是好多门功课不合格，在反复补考、重修后，还是没办法达到学校规定的学分，这才根据学校相关规定，被退学了。"

而现实中，成绩不错、纯粹因为不喜欢某专业或者学校等原因退学的学生还是很少见的。"从事了十几年的学生工作，还真没碰到过成绩好的也要退学的学生。许多学生也许是因为不适应大学、不喜欢某专业从而提不起学习兴趣，或者是不适合学习某个专业，从而导致成绩不好。"楼老师说。

退学另觅高校难度颇大

某高校教务处的钱教师针对一些重读学生提出了反对意见。

"现在有的学生因为成绩不错想退学考更好的学校，这种退学行为是最不可取的。"钱教师说，"主要是这既浪费时间，又浪费金钱，还有精神压力。而且，有谁能保证再考能比之前考得更好？说实话风险会更大。还不如好好在大学里学些对自己有用的东西，假如对现在的专业不满意，还可以转专业、选修、辅修。虽然现在有部分学生在学校里混，但对要学的学

生来说，现在的大学还是给予了很大的空间，只要你肯学，总能学到你想要的，没必要开倒车回去再走一遍。"

钱教师还提醒："现在网上讨论的多了，许多在校学生会觉得退学也不错，在这里真的要郑重提醒这些学生，要有主见，千万不能为了退学而退学，要有自己的人生规划。"

退学背后的反思

退学行为究竟是一个失败的证明，还是一个成功的选择？退学背后到底隐藏着什么样的问题？针对退学，社会各界展开了一次激烈的讨论。通常人们把退学背后的问题归结于高等教育制度存在缺憾，也有一些人针对退学行为本身进行了否定。

大学应该体现相当的自主性。提出这一观点的，不完全是一些身在其中的在校大学生，还有数量相当的教育界人士。

从海外留学回来、在高校任教的朱教师用自身的见闻作了阐述。"在国外，经常可以遇到退学生，那里的教育体制比较灵活，学生可以自由地安排学习计划，社会也比较认可和容忍这些行为。有一个丹麦的学生，频频换了好几个专业，但始终没有换的是对学术的兴趣，这让我们这些中国学生很羡慕。一个德国的学生，虽然没有换专业，但换了好几所大学，也是越换越成熟。原本进入高校就读的学生就要有足够的自主性，这不光体现在学习上，还应该体现在专业的选择、学校的选择上，在更大范围内，就是念与不念的选择。"

读大学应当看作是一种自主消费。身在市场经济社会，许多人也用市场经济的观念来衡量读大学这件事。

迈克尔·戴尔：弃医从商

迈克尔·戴尔是戴尔公司董事会主席，1965 年出生于休斯敦，他的父亲是一位牙医，母亲是一个经纪人。

1973 年，当时还只有 8 岁的迈克尔·戴尔看到了一则广告，说经过一种专门考试，就可以免除不必要的环节，直接拿到高中毕业文凭。小戴尔马上就拿起电话申请，满怀希望能多快好省地解决自己的文凭问题，直接进入大学。当然，这件想一步登天的好事最后成了戴尔身上的一个大笑话，不过，这次经历却深深影响了他的日后商业操作理念。

1983 年，戴尔进入了得克萨斯大学，成为了一名医学预科生。但是他在宿舍里摆弄一堆堆电脑零部件所花的时间远多于泡在图书馆的时间。

在本该专心学习的时间里，他却开始通过在当地报纸上做广告来销售新型电脑。

这种分心带来了"利润"。在大一结束时，戴尔每个月的电脑销售额达到了约 80000 美元。凭借赚得的钱，戴尔决定不再返回学校。他在 19 岁的时候从大学退学，专心经营一家后来成为戴尔公司的企业。在随后的几年中，戴尔的年销售额很快突破了 1 亿美元。迄今，福布斯统计的迈克尔·戴尔的净资产都名列前茅。

据统计，最近的富豪榜包括了 1125 名 10 亿美元级富豪。其中至少有 73 名和戴尔一样，都曾经中途退学。

这 73 名富豪在另一个方面也与戴尔相同。他们退学并不是为了在躺椅上看电视。他们离校后都投入到努力的工作中。

戴尔在为得克萨斯大学 2003 年毕业典礼所作的演讲中向毕业生们解释了他的态度："找出隐患和机遇。然后设想一下如何消除隐患、扩大机遇，并且尽最大努力来使之实现。"

谢尔登·阿德尔森及其他

根据 2006 年 9 月出刊《福布斯》杂志显示，谢尔登·阿德尔森是的美国 400 大富豪排行榜第三名，财富仅次于微软创办人比尔·盖茨及投资大师沃伦·巴菲特。

谢尔登·阿德尔森是另一位未获得学位却拥有巨大财富的 10 亿美元级富豪。阿德尔森考上了纽约城市大学，但是没有读完，这很可能是因为他忙于从事其他事业。

在 12 岁时，阿德尔森从他的叔叔那里借了 200 美元，开始卖报纸。他退学后成为了一名法庭记录员。他还当过广告推销员、顾问和旅游商务经营者。

这种不懈努力为他带来了第一笔财富。他组织了电脑业贸易展 Comdex，并通过出租展区赚取了可观的利润。后来他又投身了博彩业，从此便在该领域积累起越来越多的财富。

一些 10 亿美元级富豪甚至比阿德尔森更早离开了学校。理查德·布兰森是一个糟糕的学生，曾患诵读困难症。他在 16 岁时退学，创办了一份杂志。

为了支持该刊物，他还创办了一家邮购唱片企业，后来发展为维珍唱片公司。在其他两家知名唱片公司认为 SexPistols（性手枪）过于烫手后，理查德·布兰森冒险签下了这一具有沙哑喧闹音乐风格的乐队。后来签约的热门歌手还包括 Boy George 和 Peter Gabriel。

他后来又相继创立了许多公司，进军了航空业、健康保险业和医疗行业。太空领域是他的下一站。因此他又创办了维珍银河公司，该公司旨在将旅游者送到地球大气层以外的太空去旅游。

但是你千万不要因为这些 10 亿美元级退学富豪就得出上学无用的结论。即便是全球最有名的中途退学者也承认良好教育的重要性。

李想：泡泡掌门人

李想是"80后"的典型代表，18岁的时候放弃高考，19岁创建北京泡泡信息技术有限公司，曾任泡泡网董事长兼首席执行官，管理200多位员工。他的泡泡网是一家从事电脑硬件、个人和办公数码产品的信息服务的网站。

泡泡网2005年底营收达2000万，利润50%，按通行的市场收购标准，即以20倍的市盈率来计算，占公司绝对股份的李想，身家已过亿。

24岁，他又成立汽车类专业门户网站——汽车之家。2006年泡泡网营收突破6千万，泡泡网市场价值超过6亿。创始人李想股份过半，身价在3亿以上。2006年，李想以最年轻的身份获得"中国十大创业新锐"大奖。李想成了"80后"的财富代表。

朱德庸：不爱上学爱画画

他，4岁时拿起画笔，25岁时已经红透宝岛台湾；他，一个自称是很闷的人，幽默仅仅是自己一个的特长；他，有过不愉快的童年经历；他，也被人们封号为"爱情先知"、"城市先知"；他，更让无数人的喜怒哀乐溶解在他的作品里，总会让人将不快一笑而过……

他就是朱德庸。朱德庸是著名漫画家，1960年出生于台北，台湾世界新闻专科学校三专制电影编导科毕业。其漫画专栏在台湾有10多年的连载历史，其中《醋溜族》专栏连载10年，创下了台湾漫画连载时间之最。其漫画作品《双响炮》《涩女郎》《醋溜族》等在内地青年男女中影响极大，拥有大批忠实读者。并且其作品被拍摄成同名电视剧，受到许多人的喜欢。

今天的朱德庸幽默开朗，有他的地方总是笑声不断，对自己的"辛酸"

往事，朱德庸早已释然，但他不能释怀的是"也许现在还有许多学生像我过去一样苦苦挣扎，有没有人帮助他们走过这个艰难阶段，希望幽默与漫画能给他们一点帮助。"

下面我们来看看朱德庸的童年回忆和对特长的一些看法：

"学生时代，我一直认为自己笨。长大了，才知道这是学习障碍。人的学习接受能力有多种类型，我属于天生对图形很敏感、但对文字类的东西接受起来困难的那种。

"念中学的时候，我完全无法忍受那种教育方式，就这样，像个皮球一样，被很多学校踢来踢去，就是最差的学校都不要我。记得我到一家很差的学校去考插班，训导主任真诚地问我：'说老实话，你到底抽不抽烟？'我当时非常感动，碰到这么好的教师，像哥们儿一样诚心诚意对我，我要是骗他，那我岂不是很糟糕？我就说：'抽过。'这话一讲，回到家就再也没等到录取通知。

"我喜欢画画，从4岁开始，画画是唯一能让我松弛的娱乐。在学校里画，书上、本上，所有空白的地方，我都画得满满的；回到家里，也是画画，外面的世界我没法待下去，唯一的办法就是回到自己的世界，因这个世界里有我的快乐。在学校里受了哪个教师的打击，敢怒不敢言，一回到家我就画他，狠狠地画，让他"死"得非常惨，然后自己心情就会变好了。

"父母为我也吃了许多苦头，他们动不动就被教师叫到学校去，听教师训话，还时常要带着我到各个学校去看人家的脸色，请人家收留我。尽管如此，但他们从不给我压力，一直听任我自由发展。爸爸更是经常裁好白纸，整整齐齐钉起来，给我作画本。后来我常想，假如我的父母也像学校教师一样带我学习，那我肯定要死掉了。

"我观察人不会只相信自己眼睛看到的东西，常常是对看到的东西做反方向思考。看到一个人道貌岸然地走过来，我就想，假如这时候我突然跳上去，'啪'给他一巴掌，他会怎么样？是马上愣在那里呢？还是发了疯一样狂怒？总之，他的反应肯定不会像我眼睛里看到的一样。有段时间，路上的行人总会看到一个自顾自笑的奇怪男孩。

"光这样观察还不满足，我开始做一些'小实验'，反复去按人家的门铃，按一次，马上躲起来，看出来开门的人的表情，等他回去了，再去按。把他一系列的表情跟我的想象做比照。想象力对我非常重要，我常常生活在自己的想象里。

"学习电影专业并不是我自己的选择，是读书被分配的结果，但读后感觉还不错，因为我从小就属于'电视儿童'，本身又是典型的图像型思维，学习电影还是比较合适的。当然，我从来没有间断画画，渐渐地，不断有媒体为我开设漫画专栏。后来还进入了台湾最大的报纸。与电影相比，漫画可以更充分地发挥自己的喜好和特长。因为电影是群体的，而漫画非常个人化，只要自己专心就行了，同时还糅合导演、编剧等多种功能，例如，选择人物形象、动作，就像导演挑演员，而设计情节、对白，又像编剧的工作。而且画画除了会受到版面限制，能最大限度地避免其他的干扰。

"我于1985年开始在台湾成名。那时候正赶上我大学毕业要去服兵役，报纸向我约稿，我埋头画了1个月，把一套《双响炮》交给报社，就去了一个很封闭的小岛参加训练。3个月后，父亲来信说，时报开始登了，每周3次。

"半年后，我回到台北，才知道自己画的《双响炮》已经在台湾很红了。听很多人说，他们一拿到报纸，先看朱德庸的漫画专栏，然后才看其他内容。因为有关漫画作者的消息很少，以至于社会上不免诸多猜测，认为这是外国人画的。

"虽然成了名，但有四五年时间我总是处在彷徨、犹豫中，因为我不能确定自己是否要以画画为职业，这之前台湾从来没有一个专职漫画家。虽然从小喜欢画画，但我只是把画画作为爱好，成名可能是'瞎猫碰上死耗子'。

"有段时间，我边画边想是不是还可以从事别的职业，或者自己可能更适合干别的。就这样骑驴找马，随着画漫画时间的增长，才更深刻地体会到漫画的精髓，才对自己越来越肯定。我太太也鼓励我：'假如台湾能出一个专业漫画家，那肯定就是你了。'于是我坚定了自己的想法：我天生就是画画的。后来就辞掉了报社的工作，专职画漫画。

"在台湾，我是第一个将漫画人物做成公益广告的，台湾戒烟公益广告的主角就贴在每辆出租车的门上；第一个用漫画来制作商品广告片；第一个用漫画形象做信用卡；第一个将商场的雕塑用漫画形象来做。新加坡有一幅著名的壁画，三面墙都是漫画，那就是我做的。只要对传播漫画有好处的事，我都做。因为漫画的魅力太大了，可用的地方太多了。

"后来，我发现中国人自己的漫画市场还很不成熟，米老鼠代表的是美国漫画，日本人早就有属于自己的漫画，而且已经发展了 60 多年，假如中国人自己的漫画市场发展不好，外国漫画进来是很容易的事，而且影响会很大。

"我没给自己定太多实际的目标，我只有一个模糊的梦想：中国人这么多，总该有自己的漫画、自己的漫画市场，我要创作出中国人自己的东西。"

 盖茨：不爱大学爱电脑

比尔·盖茨是美国非常有名的企业家、慈善家，微软公司的创始人。他与保罗一起创建了微软公司。1995～2007 年的《福布斯》全球亿万富豪排行榜中，比尔·盖茨连续 13 年蝉联世界首富。2008 年 6 月 27 日，他正式退休，把 580 亿美元的财产尽数捐到比尔与美琳达·盖茨基金会。《福布斯》杂志 2009 年 3 月 12 日公布全球富豪排名，比尔·盖茨以 400 亿美元资产重登榜首。

他曾在美国国会强调改进美国教育制度的重要性。盖茨表示："有太多的学生在中学毕业时未能掌握一些他们在 21 世纪的经济环境中取得成功所需的基本技能，更不用说为大学和职业生涯将碰到的困难做好准备了。"

学校还有其他好处，例如你遇到的人。2000 年，10 亿美元级富豪史蒂

夫·鲍尔默（Steve Ballmer）从盖茨手中接过了微软首席执行官一职。当年两位在哈佛上学时，住在同一幢宿舍楼里。

有人说盖茨大学辍学去创业，可见学习与成功是无关系的。实际上，盖茨从来都是一个好学上进的青少年。不读大学并不是不爱学习。

盖茨少年时候，在外祖母的帮助与指导下，成了兴趣广泛、废寝忘食的读者——读书成了他打发精力的好方式。他十分喜欢他家不远一个图书馆举行的夏季阅读比赛，他总得男孩中的第一，偶尔也会勇夺总冠军。外祖母意识到比尔·盖茨在思维与记忆上的潜力，她总是不失时机地激发比尔这方面的潜能。有时祖孙俩到公园散步，外祖母常会与比尔·盖茨交流下棋的技术或看某篇佳作，让比尔寻找更新的下法或表达更独到精辟的见解。

比尔·盖茨的父母也十分关注青少年的成长。他们在质朴的处世方式中，更多地关心孩子们的成长与教育，他们在工作之余总是尽可能地与孩子们待在一起。一家人进行各种游戏，从棋类到拼图比赛，涵盖几乎所有的益智游戏。

随着年龄的增长，家庭中的环境已无法满足比尔·盖茨天赋的进一步发挥。小比尔有时会责备母亲智力不足呢！于是，父母把目光投向社会，积极为比尔寻找属于他的空间。在一次活动中，比尔给班上准备一份报告，叫《为盖茨股份有限公司投资》。这篇报告几乎成了全家人的事，他的外祖母帮着弄封皮，连父亲也插手帮忙，气氛很活跃。

小学毕业后，父母在征求比尔意见后，送他进了湖滨中学。在湖滨中学，比尔痴迷上令他今后倾注毕生精力的计算机。

比尔在湖滨中学读书时，常按个人的兴趣爱好来安排学习。比尔在喜欢的课程上下功夫，学得非常棒，如数学和阅读方面。每次父母看到比尔拿回来的成绩单，尽管他们知道比尔在一些课程上会学得更好，但他们并没有拉下脸来责备比尔。

中学毕业后，比尔很想到哈佛大学去读书，这也正是父母们最大的心愿。幸好，比尔的父母并没有像其他父母那样把孩子看作个人的私产，必须让孩子来完成父母喜欢的事。经过冷静思考后，父母放弃了让儿子当律师的想法，让比尔在大学领域里自由发展。这一点帮了比尔的大忙。

但一年后，更大的难题摆在了比尔的父母面前：比尔·盖茨要离开哈佛，放弃学业，与别人一起创办计算机公司！

比尔与父母多次交谈，平静地表达了个人的想法。了解儿子秉性和志向的父母又能说什么呢！或许儿子的天赋与计算机事业是最佳的契合吧！比尔·盖茨便毅然离开了令亿万学子向往的哈佛大学，开始在软件领域大展宏图。

很显然，比尔·盖茨的成功是他的天赋与家庭教育共同作用的结果。比尔的事例告诉我们：我们应不断激活青少年的天赋，注重对青少年天赋的培养与保护；培养青少年的专注能力十分重要。

再让我们看看比尔·盖茨对子女的家庭教育吧。在家庭的呵护下，比尔·盖茨能全力专注于某一事物的天赋十分明显。1975 年比尔正式创办微软公司，20 多年后成为世界首富，自己资产近 200 亿美元！他虽然身家无数，但他在如何合理花费方面却给青少年树立了良好的典范。

有一句话叫"豪门出败子"，盖茨深切认识到金钱给青少年带来的负面影响甚至是伤害，宁可将大笔的钱捐献给社会慈善机构，也不愿多给一分钱去让子女随意挥霍。仅在五年内，盖茨向社会捐款就高达 10 亿美元。

他对社会如此大方，对子女却十分"吝啬"。他曾多次公开宣称："我不会给我的继承人留下许多钱，因为我认为这对他们没有好处。"在他的家教影响下，盖茨的子女虽然出身豪门，但自幼养成节俭的习惯，他们懂得，一切只能靠自己奋斗去赢得。

不仅如此，盖茨还通过言传身教，给青少年们树立了一个生活极其朴素、不奢靡浪费的父亲形象。一次盖茨和一位友人驱车同往希尔顿饭店开会，因为去迟了找不到车位，友人建议就把车停在饭店的贵宾车位，盖茨却极力反对："这可不是个好价钱，要花 12 美元呢。"

反观我们现在的家庭教育，有很多是与盖茨做父亲的原则大相径庭的。我们的很多父母，对于视为掌上明珠、口中宝贝的独生子女，唯恐生活上吃着苦了，受着累了。或者个人当年确实千辛万苦历经了磨难，如今想在孩子身上寻求补偿，于是在孩子面前出手无比大方，对孩子对金钱的要求几乎是有求必应，新年压岁钱一给就是几百甚至上千元，他们常不离口的一句话就是："老爸的这些财富将来还不都是你的！"这样无形中给青少年灌输了一种观念：反正我将来无需怎么努力照样可以过得很好。于是一幕幕悲剧由此上演：由自幼金钱的挥霍始，以步入歧途、违法犯罪终。正所谓"成由勤俭败由奢"，如此的父爱、母爱，是爱之愈切，害之愈深。

盖茨"裸捐"已经很久了，他为何不给子女留遗产？因为他自己靠学习和努力获得了今天的一切，他不希望子女光知道依赖父母的财富，而不知道学习和奋斗。

为了青少年将来的健康成长，希望青少年努力学习，早日成功，不要太依赖父母。

三毛：不爱上学爱写作

三毛是著名作家，原名陈懋平，祖籍浙江定海，1943年生于重庆。她通晓多国语言和文字，英姿飒爽，足迹踏遍全球，是非常有名的作家。

1948年底，三毛家举家迁居台湾。童年的三毛并未立志当一名作家，却喜爱美术，她幻想将来成为一位画家的妻子。

三毛小时候曾读过一本《三毛流浪记》，对她影响很大，从此便沉迷于书海之中了，疯狂地爱上了文学。长大后开始写作，她不署名，而以"三毛"为笔名，作为纪念。读小学、中学时，三毛的文章写得不错。在小学时，她便开始给报刊投稿了，参加学校讲演的稿子都是她亲笔写的。在初中，她还学过写诗。

三毛早年的人生道路是崎岖坎坷的。就读于台北某女中时，三毛对数学不感兴趣，成绩很差，老师则以此嘲讽她，好强的三毛为不受歧视，发奋用功，终于获得了好成绩。但这位老师却误为"作弊"，竟在她脸上画圈，叫她绕跑道跑，在她幼小的心灵上留下巨大的创伤，患了严重的厌学症。她父亲得知此事后让她休学了。

13～20 岁整整 7 年的时间里，三毛都是在家自学的。她的父亲陈嗣庆是一位律师，母亲终进兰也有很好的文学修养，都耐心教导她。回忆往事，三毛说："不是妈妈的熏陶，我写不出来这很多文章。"在那段不短的岁月里，三毛用功读书，孜孜不倦。她读唐诗、宋词、《古文观止》，看《红楼梦》《水浒》……学绘画，弹钢琴，还学会了英语、日语、法语、德语，尤为出色的是西班牙语。

20 岁那年，三毛的好友鼓励她进大学求知。在得到台湾文化学院院长张其昀的允诺后，三毛进该校深造。最初她学的是哲学，两年后转入新闻系。在大学读书时，她的老师读了三毛写过的一篇 3 万多字的文章后感动得哭了，认为三毛是他的学生中"最有才华"的一位。

三毛出版过 10 多本著作，大都是散文集，其中有《雨季不再来》《稻草人手记》《撒哈拉的故事》《哭泣的骆驼》《温柔的夜》《梦里花落知多少》《背影》《送你一匹马》《倾城》《我的宝贝》等。三毛还译有《兰屿之歌》《娃娃看天下》等书。后者是 1000 页的西班牙漫画书。为译此书，三毛与丈夫荷西曾历时 8 个月，每天晚上不看电视，将门锁上，工作到深夜。

三毛满怀激情地把漫游世界的所见所闻挥笔成篇。她写的多是真实的事情，自称其作品"几乎全是传记文学式"的。她还说过："我并不是作家，只是一个生活的记录者。"她的作品自成风格，生活气息浓厚，感情真挚。有人评论她的作品风格是"朴实、自然、坦率、真情"。

20 世纪 70 年代中期，三毛的作品在台湾极为畅销，一度出现过"三毛热"。有人说，三毛在台湾文坛掀起了撒哈拉沙漠的风暴，让喜爱她的读者噙着泪水，带着微笑，注视着她的足迹，从沙漠到海岛，拨动了无数读者的心弦。1986 年她还被评为"台湾最畅销书十大作家之一"。

一位台湾作家指出，三毛的文笔清新通俗，具有强烈的个性，这也许是她的作品尤其受读者欢迎的原因。一位台湾心理学老师分析说，三毛将南美洲描写得那么好，事实上那儿却是战火连天，充满人间的苦闷。生活既然有这么多的苦闷、束缚，特别是年轻人，面对着现有制度下巨大的压力和挑战，大家多么希望在精神上暂时舒放自由一些，逃到一个没有战争、没有恨、到处充满爱的世界。这可能是三毛文章受欢迎的原因。

韩寒：吹皱"退学"一池春水

韩寒可谓新新人类的代表。韩寒，1982年出生于上海金山，作家、赛车手。

1999年，以《求医》和《书店》晋级当年新概念作文大赛决赛，后以《杯中窥人》一文获得首届新概念作文大赛决赛一等奖，其文笔老练，语言犀利。

当时的韩寒成绩并不好，永远坐教室最后一排，按名次总是最后上讲台拿成绩单，除了语文课。

1999年，两次被留级的韩寒面临被学校劝说退学的危险，权衡再三后，他决定主动申请退学，"这样起码有点面子"。

当时，因新概念作文大赛一等奖，韩寒在全国已经小有名气，他退学的消息很快传遍全国，并引发人们对这个所谓叛逆少年的大讨论，即关于"学校应当培养全才还是专才"等系列教育问题的激烈讨论。

2000年，韩寒出版第一部小说《三重门》。

多年以后，韩寒和他的父亲都提到退学时这样的一幕：在松江二中的校长办公室，韩寒和父亲办理退学手续。当着他们的面，当时的校长叫来一位品学兼优即将代表学校出国交流的学生促膝长谈，而韩寒和父亲就等在旁边。从校长办公室出来后，父亲韩人均拍着儿子的肩膀，说："儿子，以后再也不要给别人看不起你的机会。"

休学后，韩寒继续从事写作，陆续发表了小说《三重门》，散文集《零下一度》，小说《像少年啦飞驰》《长安乱》《一座城池》《光荣日》，文集《通稿2003》《韩寒五年》，文字精选集《毒》，赛车随笔《就这么漂来漂去》，博客精选《杂的文》等作品。

新的一代已经开始从上一代人"偶像崇拜"的误圈中觉醒，他们开始用审视的眼光打量周围的一切，更关注自己的感受。在众说纷纭中，韩寒这样表述自己："我很难概括自己的个性。我只是按我喜欢的做事而已。我不愿随大流，我是写不出那种'啊，我们光荣的大桥'一类的东西的。""我的批判个性是天生与后天各一半。但这种个性特别明显地表现出来时，是在进不了文学社、考试不及格时。别人都觉得我不正常，而我觉得是他们不正常，我很正常。我对那些模式化的人格尤为反感。"

韩寒在接受杨澜采访时说过，"人不可以中断学习，但绝对可以中断上学"。需要注明的是，这句话里的"人"具体来说是指他自己。

韩寒的爸爸是一位报社的有名编辑，韩寒从小就博览群书，从初中开始就给各报刊投稿，16岁获新概念作文大赛一等奖，17岁获新概念作文大赛二等奖，并出版第一本小说《三重门》。

对于韩寒的退学，《萌芽》的主编赵长天——这位"80后"的青年作家的最初缔造者说，虽然他劝说了很多次，但是他的理由都无法说服韩寒，甚至连他自己也说服不了。

"很多人不理解他退学，但是我认为他退学是有理由的。韩寒高二要退学，我开始的时候一直劝他不要退学，我说：'不要退学，你到高三，在新概念得奖是没有问题的，这样你就有机会免试进大学了。'韩寒跟我说，他实在太讨厌现在这个中学了，感觉就是在浪费时间。其实当时韩寒所在的中学已经对他很照顾了，因为他当时已经很火了，在文学界也有一定的名气，学校允许他不上语文课，又单独给他一间宿舍。"

有人说，韩寒退学主要是对数理化的厌恶，"韩寒很不喜欢数理化，我就很老套地跟他说：'这个基础的东西，你还是该学。'他就问我，为什么必须得学，我就开始跟他讲大道理，比如学数学有助于培养你的逻辑思维。他就反问我，逻辑思维为什么不能通过学些逻辑学来培养呢？他为什么不能看推理小说来培养逻辑思维？这话是有道理的。"后来韩寒还是执意退学了。

韩寒被美国《时代》周刊评为全球最具影响力 100 人物之一后，再次引发热议。我们不得不承认传统的培养模式已经出现了巨大的分化，师长们、同学们应当从当中发现，获得成功的方法和途径是多种多样的。

退学之路慎之又慎

看到上面这些成功的退学例子，你是否热血沸腾、跃跃欲试了？无论自己是大学生、高中生，还是初中生、小学生，甚至还是在幼儿园的小朋友，你都忍不住想以光的速度办理退学手续，然后投入商海，创造一个中国版的比尔·盖茨神话。

假如你有这样的想法，那么在你退学之前，请看几个测试：

1. 家庭背景测试

比尔·盖茨的父亲是一位著名的律师，曾经担任过华盛顿州律师协会主席、全美律师联合委员主席。母亲是一位出色的教师，有很广的社交圈，并且做过 IBM 公司的董事。

迈克尔·戴尔的爸爸是一间有名医院的牙医，他的母亲也是一位股票经纪人。

李想的父亲是石家庄一间艺术学院的教师，母亲是一名优秀的员工。

说完这些，接下来请看问题 1：你的父母是做什么的？

虽然你的出身、你父母是什么职业，对你的人生没有决定性的作用，但假如父母是比较有文化的，家庭环境是良好的，至少可以给你提供更好的受教育条件，可以从小就用正确的人生理念来影响你。即使是子女生意失败，父母的生活也不用他们负担，甚至父母也养得起他们。如果你具备这些条件，注定你起跑的时候就比别人要轻松很多。

2. 电脑能力测试

比尔·盖茨 8 岁的时候就看完几乎整一套《世界图书百科全书》。1967年，盖茨才 12 岁，第一次接触电脑并疯狂迷恋电脑。13 岁时就成为学校最出名的黑客，成立了一个程序设计小组，并被电脑中心招聘为程序检查员，换得无限玩电脑的时间。14 岁就开始编写软件程序，目的就是玩三连棋，不久又设计一种计算机游戏，游戏的目的就是统治全世界。

迈克尔·戴尔 7 岁的时候，就拥有一部计算机，并对它有狂热的兴趣。高中的时候就对各种电脑不断升级，而且还自己组装电脑销售给顾客，有时甚至月收入比专卖店还要高。大学时候成为学校赫赫有名的电脑奇才，学校的教授、电脑爱好者无不向他咨询。

李想 12 岁的时候第一次接触电脑，也疯狂地迷上了电脑，他没有放过关于计算机的一块纸片，他甚至为了买一本电脑杂志，跑遍了整个石家庄！初中的时候就开始给各大电脑杂志大量投稿，15 岁拥有自己的电脑，而且以封顶的价格成为许多杂志的特约作者。

接下来，问题 2：你是多少岁接触电脑的？你的电脑才能有多棒，或者你有什么其他的过人才能？

如果你对这个问题有正确认识，且具有过人的特长，说明你对退学以后去干什么，起码心里是有数的。

3. 经商的经历和头脑

比尔·盖茨 16 岁的时候，麦高文与尼克松竞选总统，比尔·盖茨认为麦高文会输掉这次竞选，于是他看到了商机，认为那些纪念品必定会有很有收藏价值，于是他就以 5 美分的价格买下了全场 5000 个已经没用的麦高文及伊哥顿的竞选徽章及贴纸，不久他就以高价抛售，有的甚至卖到 25 美元一个，这笔生意就让比尔·盖茨赚到 10 万美元以上！比尔·盖茨 17 岁的时候，就卖了他的第一个电脑编程作品——一个时间表格系统，买主是他的高中学校，价格是 4200 美元。

迈克尔·戴尔 12 岁的时候就自己开了一场邮票拍卖会，把邻居和亲朋好友手中的邮票集中起来，然后在当时的《林氏邮票杂志》上刊登了"戴尔集邮社"广告，而且制作了 12 页的目录派发出去，就是这笔生意让 12 岁的迈克尔·戴尔赚了足足 2000 美元！16 岁的一个暑假，迈克尔·戴尔找到了一份为《林氏邮票杂志》争取订户的工作。很快他发现了其中的规律：

刚结婚的人和刚搬进新房的人最有可能订阅《林氏邮票杂志》。迈克尔·戴尔马上雇用自己的死党，到 16 个地方法院搜索刚新婚或将结婚的人的姓名和地址，然后又去各房地产公司搜索贷款申请者的名单，最后迈克尔·戴尔就一一地向顾客打电话推销《林氏邮票杂志》。四五个月之后，历史教师布置了一份作业：整理出自己的报税资料。结果迈克尔·戴尔的答案是：年收入 18000 美元。教师马上找到迈克尔·戴尔："检查自己的作业，你肯定是写少了一个小数点，快点改正过来。"当历史教师知道 18000 美元的收入是迈克尔·戴尔仅仅用四五个月赚来的时候，教师十分沮丧——戴尔赚的钱比她一年的收入还要高！

李想从初中开始就向各个电脑报刊大量投稿，开始是一个月就有一两百元的稿费收入，到了高中的时候他一个月光稿费的收入就超过 1000 元，有时甚至超过 2000 元。在读高三的时候就有了自己的网站"显卡之家"，每天 3 点就起床更新网站，每天工作超过 7 个小时，第一笔广告费就是 6000 元，开始的时候平均每月是 5~6 千元的收入，然后不断增加，到高考前的一个月他的收入就有两万多元。就这样，18 岁的李想在高考之前就赚了自己的第一个 10 万元！

那么，问题 3：你有什么经商和工作的经历，又取得了怎样的成就？

4. 资源、机遇和远见的测试

比尔·盖茨于 1975 年退学，当时软件公司没有几家，比尔·盖茨以非一般的远见看到软件发展的前途——软件才是计算机的核心，要让全世界每个家庭都有一部个人电脑，而且他的朋友艾伦不断地建议他，认为这是一个百年难遇的机会！

迈克尔·戴尔于 1984 年退学，此时电脑硬件刚刚发展，戴尔以敏锐的眼光预测到：10 年后肯定会有成千上万的具有较多电脑知识的个人电脑使用者！我要生产比 IBM 公司更好的电脑！

李想于 1999 年退学，此时中国互联网刚刚发展，李想深深地感觉到：门户网站有很大的发展空间，我要把自己的网站做成中国最大的 IT 网站！

问题 4：你的处境是怎样的，你又有什么远见？

看到这里，你能很自信地回答这些问题了吗？

读到这里你应该明白：退学≠更易成功。更易成功的前提是高人一等的实力和背景！退学的牛人，背后有更多很牛的环境和条件，注定他们不会走寻常路，而这不是一般人能具有的。

媒体之所以经常夸大退学者的成就，那是因为低学历成功的概率太低了，物以稀为贵，因此要好好报道一番。

因此，不论退学不退学，成功永远只属于那些把自己的大部分时间、精力、脑力、物力投入一项事业，并且努力几年、十几年、甚至一生的人。如果你退学只是为了逃避，只是为了不负责任，只是为了上网、谈恋爱，那么最终是一事无成的。

努力吧，你的美好就在前面！

正确认识退学